RETORNO À TERRA

COMO ELO AFETIVO E MEIO DE SOBREVIVÊNCIA NOS ASSENTAMENTOS RURAIS

Musa Antropologia
Volume 4

RETORNO À TERRA

COMO ELO AFETIVO
E MEIO DE SOBREVIVÊNCIA
NOS ASSENTAMENTOS RURAIS

Simone Barbanti

© copyright Simone Barbanti, 2006

Christiane Wagner
CAPA, DESIGN GRÁFICO

Simone Barbanti e Alcides Garcia Jr.
FOTOS

Dados Internacionais de Catalogação na Publicação (CIP)
(Câmara Brasileira do Livro, SP, Brasil)

Barbanti, Simone
 Retorno à terra: como elo afetivo e meio de
sobrevivência nos assentamentos rurais / Simone
Barbanti. - São Paulo: Musa Editora :
FAPESP, 2006. - (Musa antropologia ; 4)

 Bibliografia.
 ISBN 85-85653-90-6

 1. Assentamentos rurais - Brasil 2. Migração
urbana-rural - Brasil 3. Movimentos sociais
Brasil 4. Posse da terra - Brasil 5. Proteção
ambiental - Brasil 6. Reforma agrária - São Paulo
(Estado) I. Título. II. Série.

06-8022   CDD-307.26098161

Índices para catálogo sistemático:
 1. Retorno à terra : Migração urbana-rural :
 São Paulo : Estado : Sociologia 307.26098161

Todos os direitos reservados.

Musa Editora Ltda.
Rua Cardoso de Almeida, 985
05013 001 São Paulo SP
Tel/fax (5511) 3862 2586 / 3871 5580
www.musaeditora.com.br
www.editoras.com/musa
www.musaambulante.com.br

Agradeço

À Fapesp pela bolsa de estudos e pela reserva técnica.

Ao Rinaldo que, além de me orientar, foi, de forma tranqüilizadora, desde suporte em informática, até conselheiro sobre os acontecimentos da minha vida pessoal.

À Ana Yara Paulino que tanto me ensinou sobre pesquisar, escrever e viver.

Às Professoras Carmem Junqueira e Lúcia Helena Rangel pelas dicas valiosas no seminário de pesquisa e em meu exame de qualificação.

Ao Renato, por ter realizado as transcrições das entrevistas com tanto cuidado.

À Janete, pela detalhada revisão do texto.

Às amigas Vá e Sil, pelo apoio de sempre.

À minha família, pelo envolvimento com o meu trabalho: minha mãe Mercedes e minha irmã Soraia que, como babás, propiciaram minhas idas ao Horto de Vergel, minha irmã Sinara pela revisão do texto, pelas discussões sobre o tema da pesquisa e pelos livros com os quais me presenteou.

Ao ITESP, pela disponibilidade em fornecer os dados sobre os assentamentos.

Aos agrônomos Chico Feitosa e Eduardo Galeta, pela ajuda com o trabalho de campo.

Aos assentados de Vergel e Pirituba 1, pela hospitalidade e afetividade com que sempre me receberam.

Para
Alcides, Teresa e Clara,
pela compreensão que as idades e
as necessidades lhes permitiam.

Entrada para o assentamento Pirituba II Área 1; ago./1999.

Estrada que liga Itapeva a Itaberá; Pirituba II Área 1; ago./1999.

Sr. Dico; Pirituba II Área 1; ago./1999.

Casa do Sr. Dico; Pirituba II Área 1; ago./1999.

Quintal da casa do Sr. José Froes;
Pirituba II Área 1; jun./ 2000.

Sumário

Prefácio

Introdução 17

I   Breve histórico da formação dos
assentamentos rurais
Os assentamentos
pesquisados – Horto de Vergel e Pirituba 1 33

II   O retorno à terra: necessidade de sobrevivência e
realização do sonho 53

III   O retorno à terra a partir da relação campo/cidade 63

IV   O Tempo e o ritmo do campo como causas
do retorno – um depoimento emblemático 81

V   A experiência de trabalho na terra como fator
de influência nas práticas de cultivo e de
preservação ambiental 95

Considerações finais 125

Bibliografia 131

Prefácio

O retorno à terra como elo afetivo e meio de sobrevivência nos assentamentos rurais, de Simone Barbanti, originalmente uma dissertação de mestrado, revela-se uma obra de alcance significativo para a compreensão da realidade rural brasileira, principalmente no que se refere ao universo simbólico e às referências culturais de seus habitantes.

O que leva as pessoas a se manter na terra? Ou a lutar para voltar a ela apesar das perseguições, tensão e violência?

Serão apenas as questões materiais de sobrevivência? Estarão orientadas apenas por uma lógica utilitária e por não terem outras alternativas?

Ou nessas motivações coexistem sentimentos, afetos e valores? Em que medida sua subjetividade é indissociável do universo sociocultural no qual entretecem suas identidades pessoais?

Na verdade, faz-nos ver a autora, tanto o comportamento individual quanto o de um grupo cultural é determinado, em grande parte, por fatores afetivos e psicológicos. Esses comportamentos são, ao mesmo tempo, fenômenos sociais, pois os indivíduos são depositários e representantes da cultura a qual pertencem. Isto é, na sua manifestação individual as pessoas atualizam os modelos culturais através dos quais se constituem como indivíduos, recriando ao mesmo tempo esses universos culturais e a si mesmos.

A partir dessa formulação ainda genérica, a autora afunila sua indagação testando, de certa forma, as idéias já sedimentadas a respeito do universo simbólico e das práticas agrícolas das populações rurais e suas implicações em relação à conservação ambiental.

Ela compara as perspectivas e práticas agrícolas e sociais dos habitantes de dois assentamentos, um deles formado por pessoas que majoritariamente nunca se afastaram da vida rural e outro formado por indivíduos expulsos da terra, com passagens mais ou menos longas pela vida urbana e que, por meio da luta em movimentos sociais, conseguiram voltar à vida rural. Assim, a autora nos mostra que a diferença da experiência de vida desses assentados implica atitudes diferenciadas na exploração da terra. "Dessa forma, atrela-se a continuidade ou a descontinuidade da vida e do trabalho na terra à maior ou menor importância atribuída pelos assentados à preservação ambiental."

É um trabalho primoroso, no qual a autora alia o rigor científico com uma fina sensibilidade, qualidades que já passamos a vislumbrar na discussão da metodologia que utiliza. Ali, de forma simples e precisa, ela enfrenta questões essenciais de qualquer pesquisa: como obter acesso ao universo cultural vivido pelos pesquisados? Como discernir em nossa percepção o que é desse universo e o que é projeção dos valores e perspectivas do pesquisador? Qual é, afinal, a qualidade e substantividade do conhecimento produzido pelas ciências sociais?

Uma antropologia comunicativa é o que ela propõe. Nessa linha o investigador se investiga ao investigar o outro, superando a enganosa dicotomia objetivo-subjetivo, segundo a postura do questionamento em dupla direção, aconselhada por Habermas. Conheça-te a ti mesmo através do outro – espelho de dupla reflexão que alimenta a percepção simultânea dos dois pólos refletidos, o pesquisador e o pesquisado.

Na seqüência, a autora contextualiza a formação dos assentamentos pesquisados no pano de fundo mais geral, mas determinante, da invariância da questão agrária no Brasil, na qual o latifúndio surge desde o período colonial tendo como base a matança dos povos indígenas, o escravismo e a contínua espoliação das populações rurais. Esse padrão histórico de injustiça, profundamente enraizado, produz os "deserdados da terra" e engendra os movimentos de luta pela mesma, como é o caso do MST, assim como os assentamentos rurais, que surgem por força das desigualdades econômicas e sociais continuadas desde o Brasil colonial.

Inseridos nesse contexto, a autora descreve o processo de formação dos assentamentos analisados, destacando suas lutas, dificuldades, as várias formas de organização da produção experimentadas num e noutro, na busca de caminhos para a realização do sonho de constituir "o seu lugar", horizonte guia no imaginário camponês. Mostra-nos que um importante elemento desse imaginário é a recuperação do equilíbrio do tempo, medido nas tarefas da casa e da lavoura, nas horas dedicadas aos parentes e aos amigos. O ideal se mostra como a dissolução das fronteiras entre o trabalho e a vida. Também percebemos aí a força da religiosidade (seja ela qual for) na constituição desse imaginário. Ela está presente na luta pela volta à terra e na própria sustentação da lutas políticas.

Apoiando-se na noção de habitus de Bourdieu como ferramenta heurística, a autora nos permite discernir, num interessante percurso analítico, a importância da dimensão estética no imaginário dos assentados, elemento fundamental de sua predileção pela vida rural.

Tempera sua análise com a noção de topofilia, de Yi-Fu-Tuan, apontando as múltiplas dimensões da relação afetiva entre a pessoa e o lugar.

Por outro lado, nos adverte a autora, não se trata de postular uma dicotomia ingênua entre visão de mundo rural e urbana. A própria intensificação do ideário "pastoral", desse "anseio rural" é constituído pela presença determinante de fatores e da experiência urbana na vida destas pessoas. Assim, num andamento analítico gradativo, simultaneamente de alargamento e de aprofundamento, a autora aborda esses múltiplos aspectos e os religa na constituição do universo simbólico e prático dos assentados. E nele nos introduz com leveza, revelando suas sutilezas constitutivas.

Essa riqueza e especificidade são empiricamente vislumbradas na análise de uma das entrevistas, a de José Vicente, morador do assentamento Horto do Vergel. Nela são evidenciadas as conexões, em sua história de vida, dessa multidimensionalidade, destacando-se aí as percepções e vivências do tempo e ritmo e o trabalho da memória na constituição do presente.

Finalmente, só depois desse percurso de introdução compreensiva ao interior desse universo sociocultural, a autora passa a discutir as experiências diferenciadas de constituição dos assentamentos e suas implicações nas práticas de cultivo e de preservação ambiental.

Constata, então, que a força da "revolução verde" que criou as práticas da moderna agricultura com base na mecanização e no uso de agrotóxicos, já alterou profundamente as formas de plantio mais tradicionais e menos agressivas ao meio ambiente. Apesar dos malefícios evidentes para eles – desde a expulsão do campo pela mecanização até o envenenamento de pessoas e ambiente pelos agrotóxicos – o veneno e o maquinário são vistos pelos entrevistados do assentamento mais antigo como indispensáveis para a lavoura.

Naturalmente, nos chama a atenção a autora, essas conclusões não podem ser generalizadas para toda a população rural, pois boa parte dela, em todo o Brasil, mantém em exercício práticas tradicionais de plantio e de manejo. Entretanto, nesses assentamentos por ela estudados e, em outros, estudados por outros autores com os quais ela dialoga, boa parte do conhecimento tradicional típico do campesinato brasileiro já foi bastante transformado pela agricultura moderna.

Paradoxalmente, ao menos à primeira vista, foi no assentamento Horto do Vergel, e entre as pessoas com maior vivência urbana, que as preocupações ambientais mais aparecem e se traduzem em práticas voltadas à conservação ambiental.

"Atualmente, a emergência das questões ambientais, do movimento ambientalista e das políticas públicas relativas ao meio ambiente propiciam, no ambiente urbano, uma visibilidade muito maior destas questões. De forma que, contraditoriamente ao que se havia previsto, são os assentados com maior vivência urbana que parecem mais sensibilizados pela conservação da qualidade ambiental."

É esse o percurso desse estudo no qual todos os passos são tão importantes e reveladores como o final, merecendo uma leitura cuidadosa e, certamente, prazerosa para os interessados no tema.

Prof. Dr. Rinaldo Sérgio Vieira Arruda
São Paulo, 2 de setembro de 2006

Introdução

O Cântico da Terra
(Hino do Lavrador)

Eu sou a terra, eu sou a vida.
Do meu barro primeiro veio o homem.
De mim veio a mulher e veio o amor.
Veio a árvore, veio a fonte.
Vem o fruto e vem a flor.
Eu sou a fonte original de toda a vida.
Sou o chão que se prende à tua casa.
Sou a telha da coberta de teu lar.
A mina constante de teu poço.
Sou a espiga generosa de teu gado
e certeza tranqüila ao teu esforço.
Sou a razão de tua vida.
De mim vieste pela mão do Criador,
e a mim tu voltarás no fim da lida.
Só em mim acharás descanso e Paz.
Eu sou a grande Mãe universal.
Tua filha, tua noiva e desposada.
A mulher e o ventre que fecundas.
Sou a gleba, a gestação, eu sou o amor.
A ti, ó lavrador, tudo quanto é meu.
Teu arado, tua foice, teu machado.
O berço pequenino de teu filho.
O algodão de tua veste
e o pão de tua casa.
E um dia bem distante
a mim tu voltarás.
E no canteiro materno de meu seio
Tranqüilo dormirás."

(CORALINA, Cora. Poemas dos becos de Goiás e estórias mais.
16. Ed. São Paulo, Global Editora, 1990)

A proposta deste trabalho é a de investigar quais os fatores preponderantes, tanto subjetiva quanto objetivamente, que impulsionam homens e mulheres à busca da propriedade da terra por meio do projeto de reforma agrária implementado pelo governo do Estado de São Paulo a partir da década de 1980. Além disso, pretende observar em que medida os valores e referenciais culturais dos assentados influenciam e interferem no modo de exploração da terra. Tal proposta justifica-se teoricamente pela importância da compreensão mais aprofundada dos condicionantes socioculturais, mas principalmente subjetivos e simbólicos, que estimulam o retorno a terra e a sua ocupação e também para melhor entender suas implicações sobre as formas de ocupação do espaço e uso dos recursos naturais.

A hipótese central é a de que, para os assentados, apesar de se constituirem em um grupo relativamente heterogêneo, com histórias de vida diferenciadas, a busca por um lugar que seja o "seu lugar" sempre está presente, como parâmetro da sua nova identidade social como assentado.

Analisa-se também, sendo essa uma segunda hipótese, em que medida o não afastamento da terra (sendo este o caso daqueles que sempre tiveram um trabalho ligado a ela, mas como empregados, arrendatários ou meeiros) pode implicar uma atitude diferenciada na exploração da mesma se comparada a daqueles que deixaram de viver na terra e foram obrigados a passar pela experiência de vida nas cidades.

Dessa forma, atrela-se a continuidade ou a descontinuidade da vida e do trabalho na terra à maior ou menor importância atribuída pelos assentados à preservação ambiental.

Por esse motivo, foram escolhidos como grupos a serem investigados dois assentamentos emblemáticos dessas condições: Pirituba 1, onde 100% dos assentados tinham como ocupação anterior ao assentamento o trabalho na lavoura, e Horto de Vergel, que, por ser um assentamento mais recente, não disponibilizava com exatidão dados agregados da trajetória ocupacional dos assentados, mas, por meio dos dados cadastrais dos mesmos, pôde-se constatar que muitos deles viveram e trabalharam na cidade.[1]

Com o decorrer das entrevistas, a motivação dos assentados se fortaleceu como tema de pesquisa: se estes buscam apenas uma alternativa de sobrevivência, ou também um ambiente social para viver repleto de valores e referenciais culturais, expressos, por exemplo, na afirmação de uma identidade de pequeno produtor e não mais de um assalariado ganhando somente pelas horas de trabalho e sem nenhum "afeto pela terra".

As falas dos assentados sempre remetem, a partir da dicotomia campo/cidade, aos diferentes ritmos de vida desses lugares e de como o desejo pelo ritmo de vida do campo se consolida em mais um atrativo para os que buscam o assentamento. Além disso, e a partir também dessa dicotomia, a diferença entre a paisagem urbana e a rural define a escolha pelo assentamento.

Dessa forma, a categoria "tempo" mostra-se como mais um elemento explicativo da ida para os assentamentos. Um exemplo bastante convincente dessa questão é o fato de se poder, na condição de assentado, administrar o seu tempo de trabalho e poder até mesmo tirar um "cochilo" embaixo da árvore, depois do almoço. Nota-se a presença dos dois elementos atrativos inerentes à vida no campo: administrar o próprio tempo e ter, como paisagem para descansar, a sombra de uma árvore.

A partir dessa constatação, explora-se, no roteiro de entrevista, mais duas questões: 1) A do significado atribuído ao viver no campo ao invés de viver na cidade. 2) A da diferença que existe entre a paisagem urbana e rural.

Essas temáticas serão apresentadas nos cinco capítulos em que se divide esse livro. No primeiro deles, busca-se descrever, em linhas gerais, a formação dos latifúndios no Brasil e a conseqüente luta pela terra dos que a ela não tiveram acesso. Descreve-se, também em linhas gerais, a formação e a organização dos assentamentos pesquisados.

---

1. A antiga fazenda Pirituba foi transformada em dois projetos de colonização e de assentamentos rurais. O primeiro projeto de colonização foi chamado de Pirituba I e é mais antigo que o projeto de assentamentos realizados na década de 1980 em diante e chamado Pirituba II. Pelo fato de os assentamentos de Pirituba II serem denominados Pirituba, esses foram numerados para diferenciarem-se entre si. Assim, há Pirituba II Áreas 1, 2, 3, 4, 5, 6 e Santa Adelaide. Essa pesquisa foi realizado com os assentados da Pirituba II / Área 1.

Os assentados têm como causas que impulsionam o retorno à terra tanto fatores subjetivos quanto objetivos. É esse argumento que se pretende fundamentar no segundo capítulo do livro "O retorno à terra: necessidade de sobrevivência e realização do sonho" E por que meio de sobrevivência e realização do sonho? Porque, pela análise das entrevistas e pela bibliografia lida, conclui-se que o assentado busca no assentamento uma alternativa de sobrevivência. De acordo com o que foi observado na fala dos mesmos, eles pelo menos têm como plantar para comer, mesmo que, de início, plantem apenas para isso e somente depois possam capitalizar-se para produzir excedentes.

Segundo tese de Luís Cabelo Norder (1997), os assentamentos representam o atendimento das necessidades mais básicas "Casa, Comida e Trabalho" para aqueles que estão abaixo da linha da pobreza.

Entretanto, supõe-se que não é só por arriscar uma alternativa de sobrevivência que homens e mulheres vão em busca da terra, mas também por buscarem uma identidade social positiva. No caso dessas pessoas que tiveram um passado ligado à terra essa identidade seria a de proprietário rural.[2]

Tanto para aqueles que trabalharam na terra quando pequenos e foram para a cidade, quanto para aqueles que permaneceram no campo como empregados "bóias-frias", arrendatários, parceiros ou meeiros, o "voltar à terra" a que se refere essa obra repetidas vezes tem o significado de "ter a sua terra".

É importante ressaltar, entretanto, que esse "ter a sua terra" não se refere a um sentido de propriedade pura e simplesmente, mas à volta ao local onde são resgatados referenciais e valores culturais. E, portanto, estão presentes também fatores subjetivos do retorno.

---

2. Todos os assentados têm, necessariamente, um passado em maior ou menor grau ligado a trabalhos na terra. Esse é um critério de seleção dado pelo Instituto de Terras do Estado de São Paulo – ITESP, ligado à Secretaria de Justiça e Defesa da Cidadania do governo estadual.

Ao analisar movimentos de migração e colonização de novas terras, José Vicente Tavares dos Santos (1993) propõe que a análise desses processos detenha-se numa visão complexa e dinâmica da realidade, pois são grupos que se inserem num contexto de transformação. Propõe também que tanto fatores políticos, econômicos e sociais possibilitam a análise interpretativa dos diferentes grupos, quanto *fatores simbólicos e culturais.*

Este autor fundamenta, portanto, a presente análise do retorno à terra, levando em conta não apenas fatores objetivos, como a necessidade de busca de um emprego ou de um local para morar no assentamento, mas também de um estilo de vida identificado pelos assentados como o seu estilo de vida.

O conceito de "habitus" de Bourdieu (1983) permite verificar como os fatores objetivos e diferenciais socioeconômicos pertinentes aos distintos segmentos de classe são introjetados de tal forma que passam a definir as escolhas em diversos níveis culturais, como o gosto por determinados objetos de arte ou determinadas roupas.

Assim, quando escolhe viver ou voltar a viver no campo, o assentado opta também por um determinado estilo de vida constituído por especificidades inerentes a esse estilo, como o tipo de música, de casa, de vestimenta, de festas e assim por diante.

Também o estudo de Luís Gaiger (1996:54) sustenta que, por trás do movimento pela terra, tem-se o impulso de referências culturais e não apenas a dimensão política enquanto movimento social. Trata-se de "uma forma de ser determinada, assente na experiência de vida desta categoria social e, por conseguinte, num sistema de referências culturais próprio, em que a luta pela sobrevivência e pela reprodução social individual ou coletiva, assume um sentido particular e lhes permite resistir e prosseguir incontinenti até a conquista da terra".

Embora esse estudo se detenha principalmente na religiosidade como referencial cultural que impulsiona o movimento, pode-se seguir a linha de pensamento do autor para entender o movimento a partir dos valores culturais dos que viveram no campo.

Já no terceiro capítulo da obra a interpretação do sentido do retorno ao campo estrutura-se a partir da antítese campo/cidade. Esta antítese está presente na obra Topofilia (1980) de Yi-fu Tuan, título cujo conceito define o elo de ligação entre a pessoa e o lugar. No que tange ao afeto pelo campo, este autor propõe que se analise a antítese do mesmo, ou seja, a cidade.

"'Lar' é uma palavra sem significado, separada de 'viagem' e 'país estrangeiro'; claustrofobia implica a agorafilia (sic); as virtudes do campo requerem sua anti-imagem, a cidade, para acentuar a diferença e vice-versa". (1980:117)

A literatura de qualquer época mostra que, ao apreciarem a natureza, escritores e poetas se remetem a essa antítese. Da mesma forma, quando o assentado explicita o seu apego à terra, ele se refere às virtudes da vida no campo comparada à vida na cidade. Diferenças de cheiros, paisagens, ruídos são determinantes da sua preferência e, em vários trechos das entrevistas e no cotidiano dos assentamentos, percebe-se isso muito claramente.

Quanto ao quarto capítulo, argumenta-se, a partir da análise de uma entrevista, que os diferentes ritmos de vida e de tempo se configuram em um atrativo de retorno para o assentamento. A autonomia do trabalho distante do patrão e o ritmo da realização das tarefas domésticas concomitantemente ao das atividades da lavoura fazem muito mais sentido para o assentado. Paul Thompson (1998) é o principal autor de referência nesse capítulo.

Finalmente, no quinto capítulo, discute-se as práticas de cultivo e a menor ou maior consciência pela preservação ambiental relacionada ao tempo de experiência no trabalho com a terra.

Metodologia de Pesquisa

Foram realizadas entrevistas qualitativas com os assentados e, para isso, foi seguido um roteiro de entrevista. Os dados quantitativos foram coletados através das publicações e de dados cadastrais junto ao Instituto de Terras do Estado de São Paulo – ITESP .

No total, foram feitas 16 entrevistas, 8 no assentamento Pirituba 1 e 8 no assentamento Horto de Vergel. As entrevistas foram transcritas literalmente e, posteriormente, foram cuidadosamente editadas a fim de que o leitor não fosse privado da maior proximidade do significado da fala do entrevistado.

"Editar uma entrevista equivale a tirar os andaimes de uma construção quando esta fica pronta. Com isso, a primeira tradição quebrada é a do mito de que a transcrição de palavra por palavra corresponderia à realidade da narrativa. Porque uma gravação não abriga lágrimas, pausas significativas, gestos, o contexto do ambiente, é impossível pensar que a mera transcrição traduza tudo que se passou na situação do encontro. Além do mais, há as entonações e as palavras de duplo sentido.

Por esse conjunto de detalhes, assume-se que a entrevista deve ser corrigida e que o ideal é a manutenção do sentido intencional dado pelo narrador, que articula seu raciocínio com as palavras. Pela lógica, não são as palavras que interessam e sim o que elas contêm." (MEIHY, 1998:66)

Com o intuito de investigar o significado da terra para os assentados e o reflexo deste no modo de trabalhar a mesma, utilizou-se como critério para a escolha dos assentamentos, além da experiência com o trato da terra em anos trabalhados, o tempo de existência dos assentamentos, sendo Pirituba 1 um dos mais antigos do Estado de São Paulo e Horto de Vergel um dos mais recentes. Para a escolha dos dois assentamentos foram utilizados dados do ITESP.

A opção por entrevistas com informantes-chave justifica-se basicamente pelo fato de que a investigação do presente tema necessita de maior profundidade, ao mesmo tempo que busca captar o conteúdo simbólico da fala do entrevistado. Nesse sentido, foram traduzidas as hipóteses da pesquisa em um roteiro de entrevista por acreditar-se que essa técnica de pesquisa permite intensificar e aprofundar o tema estudado.

Acredita-se que, ao contrário do questionário, "a informação conseguida pela entrevista não-diretiva é considerada como correspondendo a níveis mais profundos, isto porque parece existir uma relação entre o grau de liberdade deixado ao entrevistado e o nível de profundidade das informações que ele pode fornecer." (MICHELAT, 1987:193)

Através de uma sondagem prévia, foram selecionadas nos grupos pesquisados, pessoas avaliadas como relevantes em termos de representatividade social e também com posições diferenciadas relacionadas ao tema da pesquisa. Além das entrevistas, muitas informações valiosas foram registradas na observação do dia-a-dia dos assentados e nas conversas informais, quando o gravador não esteve presente.

Apesar de entrevistas não-diretivas, o ponto de partida foi dado pelo pesquisador que tentou captar, a partir da análise das mesmas, elementos comuns do universo cultural em questão. Apesar de não se ter descartado a validade de outros instrumentos de pesquisa, inclusive complementares à entrevista não-diretiva, interessou nesse método a possibilidade de captar os conteúdos mais afetivos do que racionais e intelectualizados da fala do assentado. Isso porque acredita-se que tanto o comportamento individual quanto de um grupo cultural é determinado, em grande parte, por fatores afetivos e psicológicos. Nem por isso, no entanto, deixam de ser tratados como fenômenos sociais, apenas parte-se do pressuposto de que os indivíduos são depositários da cultura à qual pertencem e, por isso, são representantes dela. "A singularidade de cada indivíduo provém, por um lado, do fato de o modelo cultural deste último ser constituído por uma incorporação – *ao menos parcial* – dos diversos modelos culturais próprios aos grupos e subgrupos aos quais ele pertence ou aos quais pertencem, por outro lado, pela síntese pessoal que deles fez." (MICHELAT, 1987:204). Apesar da diversidade psicossocial de cada indivíduo, encontramos – essencialmente quando pertencem a um mesmo grupo e convivem habitualmente – modelos culturais semelhantes, inclusive de uma geração para outra.

Busca-se também, na entrevista não-diretiva, a flexibilidade da relação pesquisador/pesquisado, visando diminuir os efeitos da "imposição da problemática" mais presente em questionários fechados. A centralidade da investigação no entrevistado supõe que o pesquisador aceita as referências culturais do seu interlocutor. Nesse sentido, o presente estudo vai ao encontro da investigação sociológica, mediante a noção de "questionamento" proposto por Habermas em substituição à observação positivista: "(...) o questionamento sociológico, dependente de uma problemática teórica, consiste na investigação da realidade social por meio de um sistema de perguntas e de respostas que circulam dentro da rede comunicacional que envolve o relacionamento entre o pólo investigador e o pólo investigado. Tal circulação é interativa até o ponto de se chegar à melhor compreensão recíproca possível.

Por si só, o questionamento não possui todas as garantias do anti-empirismo. É no controle de sua articulação com a problemática teórica que tais garantias podem ser encontradas". (THIOLLENT, 1987:25)

Dentro da perspectiva de uma antropologia comunicativa, que possibilita a argumentação entre pesquisador e pesquisado, há, segundo Rouanet (1990), a possibilidade do conhecimento do outro e que esse reside no "descentrar-se", tanto de si para conhecer o outro, quanto de si para conhecer a si mesmo. No caso do grupo aqui estudado, é bom lembrar que nossos interlocutores são seres racionais e, portanto, capazes de argumentação.

Toda sociedade tem, em sua cultura, a possibilidade do uso da razão comunicativa para argumentar sobre a validade de sua própria norma, isto é, tem o discurso. "Os homens se comunicam porque são iguais e se tornam iguais porque se comunicam: é nessa circularidade que se funda a teoria comunicativa (...) para refutar a noção historista (sic) de que existem trincheiras e barricadas culturais segregando os homens em universos autárquicos". (ROUANET, 1990: 134)

A partir do reconhecimento da comunicabilidade por meio da argumentação, o autor propõe o chamado "quase discurso" como parte da interação pesquisador/pesquisado, sendo este simétrico por garantir a igualdade de direitos na argumentação e assimétrico pela diferença de estatutos que regem a comunicação entre ambos.

Em contraposição à pesquisa convencional, passa-se a admitir que a subjetividade, por parte do pesquisador, também está presente mesmo em questionários, instrumentos de coleta de dados tidos como eficazes em termos da objetividade de uma pesquisa.

A própria estruturação do questionário feita pelo entrevistador faz-se deparar com a seguinte questão: a "imposição de problemática" embutida nas questões tem a mesma relevância e o mesmo significado para o pesquisador e para o grupo social que se propõe investigar? A resposta seria afirmativa apenas se desconsiderada a distância dos atributos culturais entre pesquisador e pesquisado.

Bourdieu alerta que o maior problema advindo da "imposição de problemática" são as respostas superficiais por parte dos entrevistados e as interpretações equivocadas ou tendenciosas por parte dos pesquisadores.

Faz-se necessário, pois, lidar com o problema da não-univocidade de respostas a uma pergunta e admitir o conteúdo subjetivo das questões formuladas. Para tanto, o pesquisador deve fazer uso da reflexão do que seja o seu universo cultural e relativizá-lo no momento da elaboração do instrumento de coleta de dados e da análise do resultado final da pesquisa.

A qualidade, hoje, é reconhecida como critério científico tanto na escolha do objeto de estudo quanto no levantamento de dados para a realização da pesquisa. "A qualidade, composta pelos aspectos sensíveis de uma coisa ou de um fenômeno naquilo que a percepção pode captar, constitui assim o que é fundamental em qualquer estudo ou pesquisa, pois é o ponto de partida para qualquer deles.

Todo cientista, ao determinar o tema de sua pesquisa, se encontra inserido num universo físico, social e intelectual que a delimita; é também por meio da percepção do que neste universo existe que formula o que pretende investigar. Nesta fase primordial domina o diferenciável, isto é, aquilo que é plenamente qualitativo, e não a uniformidade quantificável." (QUEIROZ, 1992:16)

Com a utilização da entrevista e das histórias de vida; sendo a primeira conduzida e com interferência do pesquisador e na qual se trabalha especificamente com um tema, enquanto a segunda possui o discurso totalmente direcionado pelo informante; surge a questão da postura do intelectual enquanto agente político, ou seja, seu engajamento ideológico e as conseqüências para a seriedade de sua pesquisa.

Essas técnicas de pesquisa despertaram também a discussão sobre o que seria trabalhar com o subjetivismo do informante. Cuidados para esses tipos de armadilhas devem ser tomados, mas, antes de tudo, o pesquisador deve estar consciente dos mesmos. O pesquisador não deve procurar uma identificação inexistente com o pesquisado, mas sim perceber a riqueza do processo de estranhamento entre os agentes envolvidos numa pesquisa.

É nítida e intransponível a distinção dos interesses do pesquisador e do pesquisado. Há uma sobreposição de interesses, pois o pesquisador utiliza-se do relato de acordo com suas preocupações e hipóteses e o pesquisado quer, muitas vezes, apenas "contar" a sua história. Os pesquisadores têm se preocupado com a complexidade da relação sujeito/objeto. Todavia, essa preocupação se limita ao simples expressar de suas inquietações e desafios. No entanto, essa relação pode ser encarada como etapa constituinte do processo de conhecimento, ao invés de empecilho para a análise científica:

"(...) este relacionamento deve ser concebido de tal maneira que seja concretamente capaz, em cada contexto de investigação, de permitir a iniciativa, a criatividade dos "investigados" e uma comunicação profunda com os investigadores. Mais do que informantes ocasionais certos dos indivíduos ou grupos implicados numa determinada situação devem se tornar, no decurso da pesquisa, investigadores nesta situação". (THIOLLENT, 1987:132)

A neutralidade nas ciências sociais inexiste e a objetividade é sempre relativa. Não se pode ser neutro quando há pressupostos teóricos e práticos envolvidos no ato de conhecer que vão de encontro a interesses sóciopolíticos; e não se pode contar com uma objetividade estanque quando se sabe que o conhecimento da sociedade trabalha com as perspectivas de transformação e manutenção.

O pesquisador deve ter claro, portanto, a localização e o controle constante e atento das interferências ideológicas na obtenção dos dados. Isso indica personalização do trabalho científico, pois "todo conhecimento é autoconhecimento" (SANTOS, 1988). Dilui-se todo mal-estar criado, mais pesadamente nas ciências sociais, da desvinculação sujeito/objeto, pois o ato do conhecimento é inseparável do produto do conhecimento.

Frente a esse debate sobre a objetividade da pesquisa científica em ciências sociais e sobre a distância sujeito/objeto, procurou-se relatar brevemente a experiência da autora com referência à escolha do tema de pesquisa e também do trabalho de campo.

Quando se apresentou mais formalmente aos assentados que iria entrevistar, reforçou-se nela o porquê da escolha do tema da pesquisa. Ela se apresentava e contava um pouco de sua história de vida. Tendo morado em Itapira – cidade bastante próxima ao assentamento Horto de Vergel – até ir fazer faculdade em Araraquara, na Unesp, quando participou do censo dos assentamentos do Estado de São Paulo feito por essa universidade. Participou da pesquisa censitária e do subprojeto que pesquisava o uso de agrotóxicos nos assentamentos e que tinha, portanto, uma questão de preservação ambiental e de saúde como pano de fundo.

No último ano da faculdade e da sua participação na pesquisa, despertou-lhe o interesse em entender por que aqueles homens e mulheres assentados se dirigiam para a terra. Seria um passado ligado ao ambiente rural? Seria uma ou a única alternativa de sobrevivência? Junto a essas questões, existia a questão pessoal: como pessoa saída de uma cidade pequena, onde a natureza, seja para contemplação, seja como fonte de produção de alimentos – a terra, se fazia bastante presente.

Acredita que exista nas pessoas uma certa memória, certos referenciais e até uma certa nostalgia do local onde nasceram como sendo o ideal. Nesse sentido, surgiu-lhe ainda uma outra questão: o convívio com a terra, com a produção agrícola por mais tempo refletiria nos assentados maior ou menor respeito pela preservação ambiental? Entre os vários pensamentos que lhe vinham à cabeça, no dia em que retornava de uma entrevista feita no Horto de Vergel, resolveu parar o carro na bela estrada de terra que liga o assentamento à Itapira e anotar um deles:

"Acho que entendi o nível subjetivo de escolha de meu tema de pesquisa. Neste nível, está representado um motivo muito semelhante ao dos assentados – o retorno. Vivi no interior um bom tempo, próxima à natureza e com outro estilo de vida comparado ao que levo hoje em São Paulo. Entretanto, foi depois de passar pela cidade que pude estudar, ter outras experiências e hoje conciliar os dois universos até mesmo internamente. É uma forma de não perder o vínculo, de me encontrar através desse regresso. Essa sou eu. Essa minha experiência é muito parecida com a da Ileide (entrevistada). Ela trouxe para o assentamento a vivência da cidade, do seu trabalho feito na formação da creche no assentamento dos sem-teto da qual participou em Campinas. Ela, assim como eu, sabe que muitas coisas que a cidade oferece são importantes para nossos projetos de vida; no caso dela, o assentamento e, no meu, o meu projeto de pesquisa. Essa trajetória: campo-cidade-campo parece dar certo. Espero que dê muito certo para nós duas." (Itapira, 31/07/99)

Embora hoje já se fale em não haver mais fronteira entre campo e cidade, ainda muitas ofertas concretas e simbólicas se concentram mais em um ou no outro.

Os assentados são pessoas, quase sem exceção, que gostam de receber e recebem bem as visitas. Nisso é mantida a tradição do homem do interior ou do homem da roça, para quem a visita era e é sinônimo de comida boa e farta e de casa arrumada.

Mesmo nas primeiras vezes em que os visitou tratavam a ela, e à sua família (quando era por ela acompanhada), com muito respeito e interesse pelo seu trabalho e pela sua vida. Faziam questão de mostrar às suas filhas pequenas os bichos que criavam e as frutas do pomar, ainda mais por elas serem crianças da cidade que pouco contato têm com esse universo.

Esse já é, sem sombra de dúvida, um elemento que foi construindo, aos poucos, uma identificação entre ela e os assentados; além do mais, muitas de suas atitudes eram compreendidas por ela por fazerem parte do seu passado imbuído de valores "interioranos".

Portanto, quando observava os assentados, quando ouvia os seus depoimentos e quando lia textos que desvendavam uma realidade que foi e, muitas vezes, ainda é tão cruel, não conseguia deixar de pensar que a única forma de sensibilizar a sociedade para a causa dos sem-terra é fazer com que a mesma ouça, leia ou veja essa realidade.

Lembra-se de que, ao sair da casa de um assentado do Horto de Vergel, teve vontade de divulgar a sua entrevista, de mostrar para os que reagem aos sem-terra com tanto preconceito e discriminação que a vida dessas pessoas é repleta de dificuldades e espoliações, que aqueles que os julgam como baderneiros e oportunistas – idéia infelizmente disseminada pelos veículos de comunicação - nem conseguem imaginar.

Esse assentado disse-lhe não ter relatado sobre o tempo em que morou em São Paulo para não chorar, pois, naquela ocasião, tinha trabalho e sua vida transcorria relativamente bem, mas, por motivo da construção de uma linha de metrô, ele foi despejado de sua casa por não ter a propriedade legal da mesma.

Foram nesses momentos, ou ao escrever sobre os mesmos que houve o esforço em aplicar a "arte da boa distância" recomendada por Philippe Descola: "de muito perto perdemos toda a capacidade de objetivar o outro por excesso de identificação; de muito longe perdemos os meios de compreender o que nos identifica." (DESCOLA, 1999: 12 apud SILVA, 2000: 14-15)

De qualquer maneira, é na produção do conhecimento que se pode desvendar, mesmo que com limitações, um pouco da realidade dos assentados. E é com essa intenção que esse trabalho pretende modestamente colaborar.

Casa do Sr. Dito; Pirituba II Área 1; ago./1999.

Casa do Sr. José Froes; da esq. para a dir. Dna. Tereza (esposa do sr. José), Teresa e Clara (minhas filhas), eu, Sr. José e Antonio (filho do Sr. José); Pirituba II Área 1; jun./ 2000.

Crianças do assentamento e Teresa (minha filha) no açude da COAPR – Cooperativa dos assentamentos e pequenos produtores rurais; Pirituba II Área 1; jun./2000

Rádio dos Assentamentos; Pirituba II Área 1, jun./2000.

Galpão de eventos da COAPR; Pirituba II Área 1; jun/2000

Entrada principal para o assentamento;
Horto de Vergel; out./1999.

Vista do Lago; Horto de vergel; out./1999.

Lago do Horto de Vergel; out./1999.

I

Breve histórico da formação dos assentamentos rurais

Os assentamentos pesquisados – Horto de Vergel e Pirituba 1

Neste capítulo, relata-se, em linhas gerais, a história da questão agrária brasileira e como essa problemática questão desembocou na formação dos deserdados da terra, o que engendrou os movimentos sociais de luta pela mesma, como é o caso do Movimento dos Sem Terra – MST. Inicia-se por uma citação que retrata a realidade agrária brasileira:

"No Brasil, quinhentas famílias detêm 43% das terras agrícolas e correspondem a 3% da população rural. Em contrapartida, 57% da população rural dispõem de três por cento das terras; em 1995, registraram-se 409 conflitos agrários, com 41 assassinatos entre os 318 mil trabalhadores rurais que disputam 3 milhões e 200 mil hectares de terras agrícolas. Já em 1996, os mesmos conflitos aumentaram para 750, com o assassinato de 54 lavradores e de pelo menos três jagunços a serviço de fazendeiros." (LINHARES e TEIXEIRA DA SILVA, 1999:XIII./dados fornecidos pelo MST e pela Pastoral da Terra).

Face a essa realidade, muitos estudiosos da sociedade brasileira vêem, na questão agrária, o principal obstáculo econômico, político e social ao desenvolvimento do conjunto do Brasil e ao exercício pleno da cidadania no país, visto que, além disso, essa situação se reflete na crise da qualidade de vida nas cidades, pois o êxodo para as mesmas agrava, entre outras coisas, a crise de emprego.

Assim como ocorreu em outros países, a onda de descontentamento geral da sociedade, a crise de emprego, o não acesso a serviços públicos dignos, a falta de moradia acabam sendo terreno fértil para a reivindicação de maior igualdade na distribuição de terras como forma de garantir um nível mínimo de sobrevivência.

Segundo LINHARES (1999), pode-se citar três movimentos no campo como sendo os principais responsáveis pela migração da população rural: a unificação e extensão das áreas cultivadas, adoção de técnicas intensivas de cultivo e extinção gradual de pequenos lavradores independentes. O que provoca duas conseqüências de longo alcance: a expropriação do campesinato de longa vivência na terra e o excedente de mão-de-obra que reforça o proletariado urbano. Resta ao homem do campo assalariar-se pelo proprietário rural ou ir para o trabalho urbano, intensificando o êxodo rural.

Desde quando colônia, o Brasil apresenta injustiças tanto na distribuição de terras quanto nas relações trabalhistas entre os ditos proprietários e os seus escravos (índios e negros), depois colonos, depois meeiros, parceiros e, mais recentemente, assalariados.

Nos primeiros tempos das donatarias ou capitanias hereditárias (cada uma das primeiras divisões administrativas do Brasil, das quais se originaram as províncias e os estados de hoje), os portugueses mantinham, por necessidade de adaptação, uma relação de cooperativismo com os índios.

Entretanto, em 1537, ao mesmo tempo que a bula papal de Paulo III recomendava a liberdade dos índios e a manutenção de seus pertences, era consagrada por carta régia de Portugal a escravidão dos caetés.

"Penetravam, sertão a dentro, as hordas de preiadores à cata de braços indígenas, os quais se supunha seriam capazes de desempenhar, resignados e submissos, o papel que lhes reservava o novo sistema de produção implantado pela empresa colonial. O índio livre foi, assim, banido de suas terras e expulso para longe do litoral, onde só permaneciam os que à força tinham caído no cativeiro.

I. Breve histórico da formação dos assentamentos rurais

Tribos inteiras foram jogadas contra outras tribos, para o que se agravam antigas discórdias e se fomentavam novas. Na arte de intrigar os nativos, de despertar e acirrar ódios entre os mesmos, os colonizadores portugueses aplicaram aqui sua grande perícia já comprovada em outras áreas e repetida com toda a perfeição, mais tarde, na caça aos negros da Guiné. Desse modo, o mercado de trabalho iria rapidamente aumentar, ao suprir-se também com os prisioneiros feitos pelas tribos vitoriosas nas guerras a que, para tal fim, os indígenas eram empurrados." (GUIMARÃES, 1977:14)

É sob a violência da captura e escravização da população nativa cujo direito primordial da posse da terra não foi e não é respeitado que se desenvolve o latifúndio no Brasil.

Segundo Guimarães, a fidalguia portuguesa quis reproduzir na colônia a estrutura fundiária e feudal decadente de Portugal. Eles queriam reproduzir aqui a servidão tipicamente feudal e para isso necessitavam do monopólio dos meios de produção fundamentais, isto é, da terra. Detendo a terra, todos os demais elementos de produção estariam a eles subordinados, em especial a mão-de-obra que não teria outra opção a não ser subjugar-se. A posse dava ao senhor detentor das capitanias muitos poderes, além do econômico, sobre aqueles que para eles trabalhavam e com uma ínfima participação no produto do trabalho.

Com a abolição da escravatura, alguns abolicionistas iludiram-se de que haveria a fragmentação das terras entre os escravos libertos. Ao contrário, instrumentos jurídicos garantiram a reintegração do sistema latifundiário em suas mais remotas tradições. A lei de locação de serviços e os famigerados contratos de parceria nada mais foram do que uma ardilosa recomposição legal dos velhos costumes soterrados pela Idade Média.

Permanece explícita a intenção da metrópole em colocar nas mãos da fidalguia portuguesa o monopólio de grandes extensões de terra e enfeudá-los, associando-os a homens "grossos", os filhos da burguesia enriquecida já com a mercância. Eram os homens de "habilidades" e não apenas os fidalgos – homens de "calidades"– que poderiam dar um destino minimamente produtivo às terras cedidas pela metrópole.

Entre os resultados desastrosos da legislação das sesmarias, que tinha por finalidade original e não atingida a de disseminar culturas e povoar a terra, o mais injusto e que tem reflexo até os dias atuais foram as "muitas famílias pobres, vagando de lugar em lugar, segundo o favor e capricho dos proprietários das terras e sempre a *falta de meios de obter algum terreno em que façam um estabelecimento permanente.*" (GUIMARÃES, 1977:57) (grifos meus)

Não havendo medições das terras, os posseiros entravam sem ter formalizado o que lhes pertenciam e isso causou enorme desordem nas novas concessões de terras já concedidas e mais demandas do que sesmarias. A ocupação de contingentes de terras não cultivadas ou devolutas pela população rural que passava a ser chamada de "intrusos" ou "posseiros" fez com que o sistema de sesmaria entrasse em decadência.

"Em síntese, a abundânica relativa de terras e os objetivos da colonização determinaram a forma de adaptação de uma legislação concebida para a metrópole para ser aplicada à colônia e levaram ao estabelecimento de grandes unidades produtivas e grandes latifúndios improdutivos na forma de posses ou sesmarias. Apesar da cláusula explícita de cultivo – fornecer à administração colonial os poderes de retomar as terras incultas apropriadas -, a parte da legislação que coibia o latifúndio improdutivo nunca foi aplicada." (SILVA,1997:16)

O sistema escravista de mão-de-obra entrou em colapso econômico e disso derivou a abolição da escravatura. Não há nesta afirmação, segundo Guimarães, nenhuma diminuição do movimento político pelo abolição da escravatura, mas este não contou com a devida intensidade de pressão para ser a causa principal da abolição.

Entretanto, justiça deve ser feita a algumas lideranças, como André Rebouças, Joaquim Pereira Rêgo e outros que viam, como se vê até hoje, que a resolução do problema da injustiça social com o negro e com as minorias, como o índio, se dá pela extinção do sistema latifundiário, pela reforma agrária.

Foi com a ascensão dos senhores do café, na segunda metade

I. Breve histórico da formação dos assentamentos rurais

do século XVIII, que se desenhou "o último latifúndio típico a surgir das entranhas da sesmaria". (GUIMARÃES, 1977,77). Ascensão que se deu junto ao Estado e à sociedade e permitiu que outros latifúndios, como os de cana-de-açúcar e de cacau, dominassem o restante dos trabalhadores rurais e até mesmo a sociedade como um todo.

No tocante à política: "Não só o novo regime republicano não dava qualquer passo em direção à liquidação do passado colonial, com sua fileira de injustiças, como ainda acumulava novas injustiças. Os 723.419 escravos existentes em 1888 não foram objeto de qualquer ação (aí sim, cabível) de indenização, seja direta (como em dinheiro), seja indireta (como a doação de um lote de terras). A lei dita áurea era um passo atrás no debate político liderado por Rodolfo Dantas ou Ruy Barbosa, no qual se previa a doação de terras aos ex-escravos. Da mesma forma que milhares de camponeses, sertanejos, matutos, tabaréus etc. nem mesmo entenderam o que se passava com a derrubada do velho imperador. Uma leitura atenta da Constituição de 1891, a primeira da República, nos permite perceber a oficialização de uma cidadania seletiva, excludente, voltada para uma elite, com uma clara separação entre cidadãos ativos, aptos ao exercício dos direitos civis e políticos, e cidadãos passivos, que só possuiriam direitos civis, o que privava a maior parte da população de participar da vida política do país. Em 1894, no momento da consolidação da República, apenas 2,2% da população total possuía direito de voto, enquanto no Império, até a reforma eleitoral de 1884, 13% exerciam este direito.

Explica-se, assim, a consternação de um republicano histórico, como Aristides Lobo, ao constatar que o povo assistia bestializado ao proclamar da República:

Eu quisera dar a esta data a denominação seguinte: 15 de novembro do primeiro ano da República; mas não posso, infelizmente, fazê-lo. O que se fez é um degrau, talvez nem tanto, para o advento da grande era [...] O povo assistiu àquilo bestializado, atônito, surpreso, sem conhecer o que significava. Muitos acreditavam sinceramente estar vendo uma parada (Aristides Lobo, 16.11.1889).

A República, que surgia sem povo, ia aos poucos se desfazendo dos ideais republicanos." (LINHARES E TEIXEIRA DA SILVA, 1999:73-74)

Esse foi um momento de conjugação entre o ideário liberal com o conservadorismo tradicional agrário brasileiro. A maior queixa dos latifundiários era a ausência de mão-de-obra e, por isso, começaram as migrações de trabalhadores que fugiam das adversidades naturais e da concentração fundiária para o trabalho "livre".

Nesse período, os pequenos proprietários passaram a ter o acesso à terra por "via pacífica", "com a lei a seu favor". Situação que escondia o interesse dos grandes fazendeiros em possuir uma mão-de-obra de reserva e para garantir a manutenção interna de gêneros alimentícios, pelos quais o latifúndio já se havia mostrado desinteressado e incapaz de manter.

As províncias onde os latifúndios canavieiros e cafeeiros não imperavam também como força política propiciaram a colonização estrangeira. As marchas e contramarchas da imigração estrangeira foram fonte de conflitos entre correntes de pensamento democrático que queriam colônias para pequenos e médios agricultores e a política de "braços livres", pela qual grandes latifundiários queriam a substituição dos escravos por imigrantes estrangeiros.

A Lei de Terras de 1850 é um exemplo dos interesses do grande latifúndio. Essa lei nada mais foi do que a viabilização dos interesses latifundiários pelo fato de dificultar o acesso à terra por meio de posse ou da compra a baixo preço. Em suma, prevaleceram efetivamente os objetivos dos fazendeiros, cujo principal deles era obrigar o imigrante a não ter saída a não ser trabalhar nas grandes fazendas de café.

O imigrante era visto e tratado como mão-de-obra extensiva do tempo da escravidão, assim muitos colonos europeus partiram para os Estados Unidos e também muitos, como foi o caso dos italianos, voltaram para a terra de origem devido à crise do café. Isso porque os fazendeiros passaram a quebrar contratos e reduzir salários. Agora era a vez dos nordestinos preencherem a necessidade de mão-de-obra dos fazendeiros.

"Foram preciso três séculos de ásperas e contínuas lutas,

I. Breve histórico da formação dos assentamentos rurais

sangrentas muitas delas, sustentadas pelas populações pobres do campo contra os todo poderosos senhores da terra, para que, por fim, a despeito de tantos insucessos, despontassem na vida brasileira os embriões da classe camponesa. Só no limiar do século XIX e, portanto, há pouco mais de cem anos, começaram a surgir os frutos dessa irredutível e prolongada batalha, abrindo-se as primeiras brechas nos flancos mais vulneráveis do opressivo sistema latifundiário, com a implantação, principalmente ao Sul do território nacional, e em bases estáveis, de outros tipos menos agigantados e mais modestos de propriedade agrária." (GUIMARÃES, 1977:105)

De acordo com GUIMARÃES, no início do século XIX passou a existir algumas formas chamadas de semicapitalistas e feudais, como os meeiros e/ou arrendatários devido à sua subordinação extrema às relações trabalhistas impostas pelos grandes fazendeiros. Além disso, devido à indiferença com que os poderes públicos passam a tratar a agricultura de subsistência, que, em geral, era "tocada" pelo pequeno produtor. Tratamento indevido também, por parte dos poderes públicos, à resolução do problema da desfertilização da terra causada pela agricultura predatória típica do latifúndio.

Como resultado desses fatores, iniciou-se o grande êxodo rural para as cidades. Entretanto, o problema social não se centralizaria no êxodo rural se fosse interessante e se a cidade oferecesse condições de progresso. O problema sempre esteve no fato de a população rural ir para a cidade e lá permanecer em condições sub-humanas de emprego e de vida.

No século XX, o campesinato se organizou para contrapor-se ao latifúndio e todas as suas formas de subjugação. As remunerações rurais eram tão ínfimas, que mesmo se uma máquina moderna pudesse fazer o trabalho de vinte ou trinta homens, sairia mais barato pagar esses homens do que custear o trabalho e a manutenção desta máquina.

"Nesse caso, não tem mesmo o menor sentido falar-se em provocar ou implantar a Revolução Tecnológica em nossa agricultura, antes da execução com as características exigidas pelas grandes dimensões demográficas e territoriais peculiares a nosso país, de uma completa e profunda reforma agrária." (BRUMER e TAVARES DOS SANTOS, 1997:249). A posição retrógrada dos latifundiários em relação aos que a eles prestam serviços funda-se no direito de propriedade absolutizado, sem considerar a função social da terra.

Com a expulsão de muitos trabalhadores do campo intensificada na década de 1960, por ocasião da mecanização da produção agrícola e do uso de insumos químicos, esses homens engajaram-se em movimentos sociais de luta pela terra com o apoio da Igreja, em especial, da Comissão Pastoral da Terra – CPT, por meio de uma política de ocupação de terras devolutas do estado ou de terras privadas improdutivas com o objetivo de fixar-se a esta novamente.

Esse movimento é o resultado de uma conjunção de fatores, como o desemprego e a má qualidade de vida nas cidades e também da tentativa de retomar o trabalho autônomo, visando à produção para o comércio e também para a subsistência, o que não deixa de ser uma tranqüilidade para aqueles que, porventura, passaram fome como empregados assalariados no campo ou na cidade.

É importante ressaltar que o Movimento dos Trabalhadores Rurais Sem-Terra não visa apenas ao acesso à terra nem é um movimento exclusivamente rural. Na visão de João Pedro Stédile, liderança do MST, esse movimento é definido como "um movimento de massas, de caráter sindical mas, também, um movimento popular porque nossas reivindicações não se esgotam na terra. Depois de consegui-la é necessário lutar por estradas, escolas, saúde... E somos ainda um movimento político que briga contra o Estado e o latifúndio". (Atenção, 6, 1996 apud LINHARES e TEIXEIRA DA SILVA, 1999: 208).

Nos últimos anos, com o objetivo de acelerar a política de desapropriação de terras do governo, o MST intensificou as ocupações de terras. Esse movimento tem por proposta política a melhoria das condições de produção e de qualidade de vida no assentamento, não só por meio de financiamentos subsidiados pelos governos federal e estadual, mas também mediante formas cooperativas e alternativas de organização econômica e social.

Uma pesquisa realizada pela FAO em 44 assentamentos demonstrou que grande parte das benfeitorias, tanto em termos de infra-estrutura, como açudes, reservatórios, cisternas, estradas, assim como postos de saúde e escolas foram construídos com recursos próprios através de cooperativas. Além disso, 90% dos assentados declararam que sua situação melhorou em relação à vida anterior ao assentamento.

"As condições de vida acompanharam, no geral, as mudanças advindas da nova condição de camponês-proprietário: a média de mortes de crianças nos assentamentos é inferior à média do país. Nas áreas pesquisadas foram encontradas ainda 142 escolas e 16 postos de saúde, onde antes nunca houvera qualquer instituição social. A maioria funciona sob a forma de cooperativas." (LINHARES e TEIXEIRA DA SILVA: 1999:210)

Conclui-se, portanto, que os assentamentos rurais surgiram em virtude de desigualdades econômicas e sociais originadas ainda no período do Brasil colonial em termos da má distribuição de terras e, em virtude disto, da exclusão e da exploração dos trabalhadores rurais não proprietários destas.

Os assentamentos pesquisados

As informações relativas aos assentamentos têm por finalidade contextualizar o espaço da pesquisa e são relatadas a partir, principalmente, das entrevistas feitas com os assentados, mas também dos dados estatísticos fornecidos pelo ITESP.

Horto de Vergel

O assentamento Horto de Vergel "12 de Outubro" localiza-se na Rodovia SP 147, Km 49 – entre as cidades de Mogi-Mirim e Itapira. O nome "12 de Outubro" é uma homenagem ao dia da ocupação da área que aconteceu no dia 12 de outubro de 1997.

A organização das pessoas que ocuparam essa área foi de caráter sindical, ou seja, a politização, a chamada para a ocupação foi feita pelo sindicato dos trabalhadores rurais de Sumaré vinculado à

CUT - Central Única dos Trabalhadores. A direção estadual da CUT, junto a um grupo de Sumaré, mobilizou a comunidade de Campinas, Hortolândia, Araras, Conchal, Mogi-Guaçu e, nas palavras de um entrevistado, "foi uma ocupação pacífica", porque antes foram "sentir" o lugar, conversar com políticos da região para não fazer uma ocupação fora da realidade e não serem vistos com o costumeiro preconceito que são vistos os integrantes de movimentos que lutam pela terra.

Seguindo o tipo de proposta política da CUT, que é o de negociação, firmaram um diálogo com o superintendente da FEPASA, que, na época, mantinha um contrato com um consórcio particular de extração de eucaliptos. Os assentados seguiram o acordo à risca, pois tinham como objetivo primordial conquistar a terra.

A área foi ocupada por cerca de 200 famílias, sendo que, já no primeiro dia, muitos desistiram por não estarem mais habituados com a escuridão do mato e com a falta de uma infra-estrutura mínima. Segundo um dos assentados, por mais que você politize os que vão para a ocupação, passe filmes, visite assentamentos mais estruturados, muitos não querem aceitar o desafio do início, "porque aqui é um verdadeiro teste de resistência. Principalmente no começo. É muito difícil, muito duro, falta comida, falta leite pra criança, a água o pessoal tem que buscar longe, a questão da educação no começo foi difícil conseguir aceitar, a criançada perdeu meio ano de estudo... depois, a questão da saúde, não tinha, tinha que ir pra Mogi-Mirim, não tinha condução, a gente pedia ambulância, ela vinha caoticamente, então foi muito duro mesmo. Hoje não, hoje a gente já conseguiu escola, conseguiu posto de saúde aqui, entendeu?" (Praxedes, Horto de Vergel)

A área do assentamento Horto de Vergel é de 1.027 hectares, hoje ocupados por 100 famílias, sendo 83 cadastradas pelo ITESP e as demais agregadas. Todas as famílias terão módulo para o plantio e a definição desses módulos deu-se por votação dos assentados que optaram pelo sistema de sítios mesclado com agrovila , ou seja, alguns morarão e trabalharão no lote de plantio e outros terão o lote

I. Breve histórico da formação dos assentamentos rurais

para o trabalho e morarão na agrovila.[3]

Por enquanto, as famílias moram em barracos em sua maioria de pau-a-pique, com exceção das famílias que foram sorteadas para morarem nas antigas casas de alvenaria de ex-funcionários da FEPASA. Os assentados estão organizados em sete grupos que se constituíram por afinidade e por cidade de origem. Esses grupos cuidam dos assuntos gerais de administração do assentamento e também serão grupos de trabalho para a produção agrícola, seja no momento do plantio ou da comercialização. Enquanto não se firmam com a produção agrícola para a comercialização, os assentados têm sobrevivido com a destilaria de óleo de eucaliptos e também com o resíduo da madeira dos eucaliptos que caem no chão e com os pés de eucaliptos anelados – que já secaram e seriam perdidos se a madeira não fosse utilizada. Uma parte dessa madeira vai para a carvoaria e outra parte para a madeireira.

Os trabalhos feitos nessas atividades coletivas ocorrem por meio de rodízio entre os assentados. É importante registrar que os mesmos estão criando formas alternativas de sobreviver por ser uma área com muitos eucaliptos plantados e, por isso, não terem iniciado ainda o plantio para comercialização.

Na festa de comemoração dos dois anos do assentamento, no dia 12 de outubro de 1999, muitos assentados de outros locais e também de lideranças políticas que estavam presentes registraram o avanço satisfatório do assentamento Horto de Vergel em apenas dois anos. Ele é visto por essas pessoas como o assentamento que "deu certo e continuará dando". Isso ocorreu devido a uma série de fatores, mas ressaltou-se a qualidade em termos de infra-estrutura (água abundante, muitas árvores e eucaliptos plantados e construções da época da estação ferroviária) e também a localização privilegiada

---

3. Nas agrovilas, concentram-se as casas e quintais dos assentados, além da característica "proximidade das casas", há uma concentração de prédios que visam integrar a prestação de serviços aos assentados, como postos de saúde, escolas e igrejas. No assentamento Pirituba 1, por exemplo, a área para a casa e quintal é de meio hectare e do lote de produção, que fica distante da mesma, é de seis e meio hectares, o que somam os sete hectares que cabem a cada família assentada.

do assentamento, pois ele se encontra muito próximo de duas cidades e da estrada que as liga.

Pirituba 1

O assentamento Pirituba 1 fica a 30 quilômetros da cidade de Itapeva, no Km 312 da estrada que liga Itapeva a Itaberá. Esse assentamento existe desde 13 de maio de 1984, sendo um dos mais antigos do Estado de São Paulo. A sua área total é de 2.511 hectares, sendo que 1.572,05 hectares são de áreas agricultáveis. Estão cadastradas nesse assentamento 91 famílias. As residências dessas famílias ficam em agrovila e os lotes de plantio ficam, portanto, separados das moradias. Muitas casas são de alvenaria e têm uma boa infra-estrutura de captação de água e esgoto, mas ainda há alguns "barracos" de madeira.

A fazenda Pirituba teve um histórico de exploração por grileiros e por "compra dos direitos" promovidas pelos próprios administradores do Estado alguns anos anteriores à ocupação da área. Essas terras sempre foram legalmente públicas. A partir das entrevistas com os assentados de Pirituba, descreve-se, em linhas gerais, a história desta fazenda.

Antes da ocupação da área, a maioria dos assentados arrendava terras na região e "ouvia sempre falar" que, em Pirituba, "tinha terra sobrando" porque os vários governos sempre tentaram dar uma destinação para essa imensa quantidade de terra (ela tem 17.500 hectares), mas sempre colocaram administradores que acabaram se desviando da intenção original e distribuindo lotes de terras como se fossem propriedade particular. Delwek Matheus, morador de Pirituba 1 e membro da direção nacional do MST, relata um pouco da história da fazenda Pirituba.

Sr. Delwek: "porque a história da Fazenda Pirituba, talvez você tenha a oportunidade de se aprofundar um pouco mais, mas ela é a seguinte: a Fazenda Pirituba pertence ao Governo do Estado, ela foi adquirida pelo Governo do Estado há muitos anos atrás. E aí em vários momentos, quer dizer, os vários governos tentaram dar uma destinação pra Fazenda Pirituba, que é uma fazenda grande, que são dois municípios, de Itapeva e de Itaberá, tem 17.500 hectares, é uma fazenda bastante grande. E vários governos tentaram dar uma destinação pra Fazenda Pirituba. E uma das primeiras iniciativas foi parece que no Governo Adhemar de Barros, ele pensou num projeto de experiência de plantio de produção de trigo. Ele imaginou um projeto em que a Fazenda Pirituba seria um modelo de produção de trigo. Por ser a região sul do Estado de São Paulo, a região mais fria do Estado, parecida com o clima do Paraná, então ele queria desenvolver um projeto-piloto de produção de trigo. E aí ele trouxe da Itália uma família de italianos, um engenheiro agrônomo, que o cara ia então desenvolver esse projeto, ia trazer toda a tecnologia da Itália, da Europa, e ia desenvolver o projeto. E ele passou então pra essa família de italianos a terra e toda a infra-estrutura. Ele passou maquinários, construções, toda a condição de desenvolver esse projeto. Eu não tenho muita informação a respeito de custos...

Simone Barbanti: Quer dizer, a princípio seria pra produção reverter pro Estado, só que aí acabou...

Sr. Delwek: Exatamente. Seria um projeto-piloto de produção de trigo, e serviria de uma experiência pro Estado. E acabou que o engenheiro agrônomo que veio administrar o projeto, em vez de fazer o projeto, executar o projeto, a experiência, ele acabou fazendo outra coisa, ele começou a distribuir as terras da fazenda, a ceder pra parentes e amigos, pra criação de gado. Então ele tinha todas as construções, foram feitas diversas construções, instalações, barracões, armazéns, maquinaria, ele tinha a tecnologia necessária. Só que daí ele meio que abandonou isso e começou a ceder parte das terras pros parentes dele e amigos fazendeiros pra criação de gado. E inclusive nessa época esse pessoal começou a ser chamado de "boiadeiro", foi aí que eles começaram a utilizar a parte da fazenda pra fazer a criação de boi. A criação de gado de corte. E com isso o projeto foi embora, quer dizer, faliu o projeto. E o governo acabou largando isso pra lá e os fazendeiros se apossaram regularmente das terras, das partes da Fazenda Pirituba, que era terra pública. E aí fizeram construções, mais no sentido de criação de gado de corte. Depois, com o tempo, já no governo Carvalho Pinto, o governo decidiu retomar as terras da Fazenda Pirituba e dar uma nova destinação. Aí então o governo pensou numa colonização, num projeto de colonização para os agricultores sem-terra da região. E inclusive ele criou uma lei pra isso. Ele fez um projeto de lei, passou na Assembléia Legislativa, que aprovava então esse projeto de colonização, não só na Fazenda Pirituba mas em todas as terras públicas do Estado de São Paulo, e a experiência principal seria lá.

Simone Barbanti: Que ano foi isso, mais ou menos?

Sr. Delwek: Eu não lembro exatamente o ano, eu sei que foi no Governo Carvalho Pinto. E aí eles tinham que retomar as terras que já tavam griladas pelos fazendeiros pra poder fazer a experiência. Então aí foi todo um processo na Justiça, novamente, pro governo reaver, retomar as terras da Fazenda Pirituba. E houve até muitas dificuldades, inclusive. Teve até uma história assim, que ele tinha que pagar as benfeitorias que... ele ganhava na Justiça, mas tinha que pagar as benfeitorias pros fazendeiros saírem da área. E até tem uma história de um fazendeiro que tava de um lado da estrada, o governo pagou as benfeitorias pra ele sair dessa área, o fazendeiro saiu dessa, mas passou... só pulou a estrada e entrou na mesma Fazenda Pirituba no outro lado, na outra área da Fazenda. Então foi uma situação muito complicada. Mas ele conseguiu então reaver algumas partes da Fazenda Pirituba e iniciou então um processo de colonização, e criou então uma lei inclusive pra isso, que as terras públicas teriam como destino os agricultores, as famílias de agricultores sem-terra da região, que teria que possuir no máximo 100 hectares de terra, e teria que explorar com mão-de-obra familiar, que teria que morar no próprio local, nas próprias terras, quer dizer, uma série de critérios pra garantir que realmente fossem pra lá os pequenos agricultores sem-terra da região. Mas, infelizmente, a experiência também não deu certo. Porque acabou... o governo contratou um novo engenheiro agrônomo pra fazer isso, administrar o projeto, e novamente o agrônomo acabou se corrompendo, e acabou dando um novo caminho pro projeto, ele, nessa segunda fase, foi mais ou menos parecido. Ele começou a pegar os lotes, e aí tinha todo um processo mais criterioso pra fazer a colonização, mas mesmo assim ele subornou tudo isso e passou as terras pra fazendeiros da região novamente. E aí houve então o assentamento de um número de famílias de sem-terra, realmente, de famílias de sem-terra da região. Mas boa parte da fazenda foi parar na mão de fazendeiros novamente, de grandes produtores da região.

Simone Barbanti: E essas famílias antecedem 84?

Sr. Delwek: Antecedem 84.

"Então aí nós tínhamos três situações na Fazenda Pirituba: um grupo de pequenos agricultores da região, uma parte com os italianos, criadores de boi, e uma terceira parte, com os holandeses, para desenvolver a agricultura. Então isso, quando a gente foi para lá, em 1980, ela estava exatamente nessa situação. Então num primeiro momento, as primeiras áreas que a gente ocupou foram as áreas dos italianos, dos boiadeiros, na área de criação de boi. E num segundo momento a gente foi ocupando também as terras dos holandeses que desenvolviam a agricultura. E por isso que tem vários grupos (de ocupação)."

Através de informações coletadas com outros assentados verificou-se que, em 1981, 50 famílias ocuparam a fazenda, mas tiveram confronto com jagunços. Em julho de 1982, novamente ocuparam e enfrentaram um confronto levando o apelido de Malvinas – alusão à guerra que acontecia na época em disputa pelas Ilhas Malvinas.

A prefeitura da cidade de Itapeva não dava apoio à ocupação, por isso algumas lideranças com o apoio da Frente Nacional do Trabalho foram a São Paulo negociar com o Procurador do Estado. Nessa ocasião, souberam que um número expressivo de famílias deveria estar na área para o governo dar a concessão de uso da terra.

Assim, 356 famílias foram para a reunião com representantes do governo Estadual e a área 1 foi a primeira a se constituir enquanto assentamento. Um critério utilizado pelos próprios assentados na época foi de que a pessoa só entraria se fosse trabalhador da terra e sem local próprio para morar. Os que não se encontravam nessas condições e haviam participado da luta ficaram insatisfeitos.

Hoje, segundo um dos assentados, muitos têm emprego e local para morar na cidade, mas mesmo assim querem vir para o campo "porque a vida na cidade não dá mais".

Nesse assentamento, a organização atual do trabalho agrícola ocorre, cinqüenta por cento, por grupos de famílias que têm afinidade entre si e por duas cooperativas e, cinqüenta por cento, por famílias sem nenhum tipo de associação. Na tabela ao pé da página, verifica-se a distribuição do trabalho realizado de forma associada. A produção coletiva, envolvendo todos os assentados, foi o primeiro sistema de trabalho e não é visto positivamente por boa parte deles. Este tipo de produção é aquele no qual, desde o financiamento para a aquisição de implementos agrícolas, até o trabalho no campo e a venda da produção, são realizados em moldes coletivos. O trabalho é feito por rodízio, os débitos financeiros são rateados, da mesma forma que o lucro da produção.

No início do assentamento, quando havia a associação, todos

ASSOCIATIVISMO

Tipos de Organização	Quantidades	Percentual	Número	Participantes % sobre Total Assentados
Cooperativas	2	28,57	29	32,58
Associações Grupos de Produção	5	71,43	16	17,98
TOTAL	7	100,00	45	50,56

Fonte: ITESP, Caderneta de Campo - Safra 97/98

I. Breve histórico da formação dos assentamentos rurais

passaram pela experiência de trabalho coletivo, inclusive porque as terras estavam na justiça. Assim, existia um "Termo de Autorização de Uso Coletivo para Associação".

O maior problema da associação passou a ser, segundo um dos assentados, a inadimplência de alguns diante do financiamento dos bancos, o que deixou a associação endividada e com problemas perante a justiça. Era previsto no estatuto da associação que 20% da produção deveriam ficar para a mesma visando ao pagamento do financiamento e para investimentos em sua infra-estrutura. No entanto, alguns não arcavam com esse compromisso.

Além disso, para a associação não ter prejuízo alguns assentados trabalhavam pelos outros, o que também gerava um sentimento de injustiça. Em 1989, a associação foi desativada, até porque o maquinário foi vendido para pagamento das dívidas.

Um assentado deu seu parecer sobre as formas de se administrar a produção no assentamento:

"Não, não facilita (trabalhar individualmente). Quer dizer, se torna mais difícil para a gente trabalhar, mas tem uma vantagem de que a gente é dono do trabalho, enquanto que dentro de uma cooperativa, de uma associação, daí é um grupo de pessoas que trabalham, e uma Diretoria que administra. Então, diretamente as famílias não fazem parte da administração, tanto dos investimentos como dos custeios que saem para a cooperativa ou para a associação. E no caso do individual, é a família que administra todo esse dinheiro que vem pra custeio."

Simone Barbanti: Nesse sentido, você acha que é mais fácil, mais tranqüilo, você mesmo cuidar das suas coisas?

Serrinha: Bem, tem duas situações. Quando o pai de família consegue administrar bem o dinheiro, ele consegue produzir e até pagar o custeio. Quando ele pega, um pai de família que não tem estrutura, instrução e orientação que precisa para fazer o investimento, então ele passa a não utilizar bem esse dinheiro, investe mal e acaba se endividando, e aí, nesse caso é pior. Então, para quem não tem o senso de administrar o dinheiro, então é melhor entrar para uma cooperativa ou uma associação, que tem pessoas capacitadas pra administrar. No caso de a pessoa ser um bom administrador, melhor individualmente, porque ele investe melhor e toda a renda fica em poder da família." (Serrinha - Pirituba 3)

A produção coletiva é aquela em que todo o processo da produção agrícola é coletivo: o trabalho é feito nas terras dos seus integrantes em rodízio e todas as famílias devem participar. O lucro da produção, assim como o débito, é rateado. Uma porcentagem do lucro é revertido para a manutenção da cooperativa. Esta associa também pequenos produtores da região.

Já na forma semicoletiva, uma parte da terra é destinada para a cooperativa em termos de dedicação de horas trabalhadas e o lucro obtido dessa parte do trabalho é revertido para a mesma.

Pode-se citar o caso do senhor Antonio, que trabalha de forma semicoletiva. Ele forma com seus familiares, com mais algumas famílias que vieram da mesma região, ou com famílias que têm afinidade, uma cooperativa que soma 15 famílias divididas em dois grupos. A turma "dos baianos" (8 famílias) e a turma "dos Paraná" (9 famílias).

Desde 1993, esta cooperativa funciona da seguinte forma: os cuidados com o gado, o porco e a aquisição de instrumentos de trabalho funcionam na forma de cooperativa. Na terra, cada um planta o seu pedaço, no caso das máquinas, do gado e da granja, são trabalhados no conjunto.

Para a realização desse trabalho em grupo são tiradas equipes que trabalham em rodízio semanal com as vacas, com a granja ou com as máquinas. No caso da criação de vaca leiteira, são tirados dois litros para cada família por dia e o restante é comprado pela Fleischmann Royal.

Quando questionado sobre a diferença entre trabalhar em cooperativa e sozinho, o sr. Antonio considera que o trabalho individual fragiliza o produtor rural no sentido de ser mais difícil e demorada a aquisição de benfeitorias e máquinas para o trabalho.

Um trator novo, por exemplo, custa 30 mil reais e é muito mais fácil o acesso para um grupo do que para um chefe de família sozinho. Além disso, no momento da venda da produção, as firmas preferem comprar e buscar de várias famílias por ser um montante

I. Breve histórico da formação dos assentamentos rurais

considerável. Portanto, o sr. Antonio considera que o trabalho coletivo apresenta vantagens tanto para o produtor se capitalizar, quanto no momento da comercialização.

Há, na região, um Centro Esportivo e Cultural dos Assentados onde se desenvolvem atividades de lazer em geral: galpão para bailes e shows, quadras para competições esportivas, açude para pescaria e lanchonete. Nesse espaço existe também uma rádio dos assentados. Uma lojinha com produtos da reforma agrária demonstra e vende produtos dos assentamentos, como geléias, chás, mel, queijos, doces, agüardente, produtos de diversos assentamentos e não apenas de Pirituba. Um dos assentados que realiza um programa na rádio "Camponesa" conta que "(...) a gente está lutando para ver se um dia a gente chega lá. Não vai ser para mim, mas provavelmente para os meus filhos. Vem aqui um dia, eles podem falar assim, "Meu pai passou por aqui e deixou alguma coisa, ajudou a fazer alguma coisa para a gente". É uma área muito gostosa, é uma área mesmo de lazer." (Baiano, Pirituba 1)

II

O retorno à terra: necessidade de sobrevivência e realização do sonho

> *"Sei que a vida é assim... A gente resolveu o sonho bem resolvido, tanto pra mim como pros filhos."*
> (Dico , Pirituba 1)

Em sua tese sobre a formação da identidade coletiva dos assentados de Sumaré I e II - assentamentos do Estado de São Paulo -, Eliane Rapchan (1993) conclui que a CEB – Comunidade Eclesial de Base - teve papel fundamental na formação de identidade desse grupo, principalmente no que tange à formação da comunidade e sua organização para o retorno à terra. Concluiu também que *"as referências de mundo e os juízos de valores dos assentados parecem estar mediados, por um lado, por sua experiência rural anterior, idealizada por suas lembranças e por sua memória e, por outro, grandemente influenciados por seu convívio nas periferias das cidades grandes e todas as experiências decorrentes daí. (...)* Este trabalho tem se empenhado em demonstrar que não houve um único fator determinante que tenha mobilizado o grupo no sentido de organizar uma luta pela terra, mas sim uma conjugação de fatores inseridos num determinado momento histórico e em dado contexto social e político. *As revoltas sociais não têm suas causas atreladas apenas a fatores econômicos, mas também sociais, culturais e religiosos."* (RAPCHAN, 1993: 89 e 98) (grifos meus)

No Horto de Vergel, infere-se, a partir dos dados levantados, que homens e mulheres foram obrigados a abandonar a terra e buscar uma alternativa de sobrevivência nos grandes centros urbanos que se desenvolviam na época. Esse fato foi também identificado no assentamento de Sumaré pela autora citada.

"Seja ex-produtor rural, parceiro, arrendatário, bóia-fria ou assalariado, cada qual com uma história de perda, esses sujeitos tornaram-se trabalhadores sem-terra, lutando pela sobrevivência.

A despeito da condição anterior, todos cultivam o sonho, acalentado por muito tempo, de retornar às origens. Dessa forma, o assentamento adquire um sentido que transcende o "voltar à terra", pois ele permite o atendimento das necessidades reprodutivas da família, garantindo a comida na mesa e o lugar do trabalho. Para aqueles que viveram uma situação de dominação e controle, o assentamento representa a oportunidade de trabalhar a própria terra, com maior autonomia do processo produtivo, além de possibilitar a fuga dos contratos patronais." (Cadernos ITESP, 1998:29)

Pela tabulação das cadernetas de campo realizada pelo ITESP relativa à safra 97/98, constata-se que, na área 1 de Pirituba, todos os assentados têm experiência anterior ao assentamento em ocupações na agricultura, conforme tabela a seguir.

Experiência Anterior ao Projeto

Tipo	Número	%
Proprietário Rural	1	1,12
Arrendatário	36	40,45
Parceiro	33	37,08
Posseiro	2	2,25
Assal. Permanente	1	1,12
Assal. Temporário	16	17,98
Agricultura	89	100,00
Indústria		
Comércio/Serviço		
TOTAL	89	100,00

Fonte: ITESP, Cadernetas de Campo Safra 97/98.

II. O retorno à terra: necessidade de sobrevivência e realização do sonho

Em sua dissertação sobre Sumaré I e II, Eliane Rapchan lança a seguinte questão: "Será que estas famílias retornaram à terra única e exclusivamente por questões de sobrevivência e de inviabilidade da vida na periferia? A resposta à segunda pergunta parece ser não: o assentamento significa, sim, a esperança de alguma estabilidade econômica, mas também é a possibilidade subjetiva da vida (...) Então, se o retorno à terra significou a possibilidade objetiva da satisfação de necessidades materiais, ao mesmo tempo, ela não justifica, por exemplo, o fato de SII ter suportado durante mais de dois anos a sobrevivência segundo condições tão precárias de vida e existência (...) Sem dúvida, tanto em SI quanto em SII, as duras dificuldades de reprodução econômica abalaram e abalam muito os ânimos de todos. Isto, contudo, não foi suficiente para promover o desaparecimento dos grupos. E é aí que entra o quesito desejo. Mais do que a satisfação das necessidades, foi, sem dúvida, o desejo de viver na terra que sustentou as esperanças e manteve as forças na medida suficiente para que diante de tantas dificuldades, os grupos não abandonassem tudo e retornassem à periferia de onde haviam saído". (1993:114)

No caso do Horto de Vergel, a memória da ocupação ainda está muito viva e nota-se claramente os sacrifícios e necessidades passadas para chegar-se ao sonho de viver na terra. Todos citam com freqüência o fato de terem ido para a ocupação mais de 200 famílias e terem permanecido apenas 83 famílias cadastradas.

Ao longo de nossa história, vemos famílias e mais famílias, como no caso desses assentados, serem expropriadas. Já no final do século XIX, intensificam-se as migrações em decorrência das adversidades naturais e do monopólio da terra. É a mobilidade geográfica e o desenraizamento dos excluídos da estrutura social rígida. Nesse processo:

"O imaginário popular, camponês, preenche-se de expressões e crenças numa libertação futura, num reino de prosperidade e paz, trazido por profetas e santos, que muitas vezes lutam e revoltam-se contra o latifúndio (como no Contestado, em 1912-1916, ou em

Canudos, a partir de 1896-1897 [...]) ou, outras vezes, domesticam a revolta, adocicam a exploração e unem-se ao latifúndio (como o padre Cícero Romão Batista, no mesmo sofrido Ceará).

De qualquer forma a literatura popular, o cordel e a canção encarregaram-se de espalhar por todo o Brasil a dor de retirantes e flagelados:

> Quando a lama virou pedra
> E mandacaru secou
> Quando ribaçã de sede
> Bateu asas e vuou
> Eu entonce vim'embora
> Carregando a minha dor
> Hoje eu mando um abraço
> Para ti pequenina
> Paraíba masculina
> Muié macho, sim senhor
> (Luiz Gonzaga/Humberto Teixeira, "Paraíba", 1950)"
> (LINHARES E SILVA, 1999:83)

Para os que lutam pela terra, o assentamento significa uma interrupção da história de migração e de falta de raízes. Significa também sanar a precariedade desse tipo de vida seja no campo, como assalariados temporários ou permanentes, seja na periferia das cidades.

Segundo estudo de NORDER (1997), "As famílias que se integram aos movimentos sociais no campo para reivindicar reforma agrária possuem, em geral, a perspectiva de assim melhorar suas condições de vida e trabalho no médio ou longo prazos. Muitas dessas famílias são justamente as que figuram, nas classificações estatísticas, 'abaixo da linha da pobreza', na 'indigência', entre os 'famintos', 'os pobres do campo', 'analfabetos', 'excluídos', etc. O acesso à terra é percebido como uma primeira conquista a partir da qual a precariedade de suas condições de trabalho, renda, habitação, alimentação e educação poderão ser ao menos minimizadas. Uma primeira e fundamental conquista é o acesso à terra". (1997:62)

Nesse sentido, para esse autor, as causas preeminentes da busca pela terra são de caráter social ou econômico. O assentado busca, pela sua nova condição social, uma alteração das relações sociais de produção e distribuição de mercadorias, assim como a alteração de políticas governamentais.

É necessário acrescentar às motivações sociais, como a exclusão e a migração excessiva dessas famílias, os projetos pessoais e sonhos em relação ao retorno à terra repleto de significados e valores culturais. Por exemplo, o tempo medido por referência à execução de tarefas na casa e na lavoura. Não descartando, além disso, as horas dedicadas aos parentes e aos amigos. Esses são valores que minimizam ou suprimem a fronteira entre trabalho e vida e que, acredita-se, ainda povoam a mente dos assentados como ideal de vida.

O sentimento de regresso ao lugar prometido depois de uma caminhada repleta de sofrimento e privação por meio da crença e força oriundas da religiosidade fica expresso claramente na fala desse assentado:

"E estamos aqui há dois anos nessa caminhada... que aqui é como se fosse uma caminhada no deserto de Moisés com aquela grande multidão caminhando pelo deserto em busca de uma terra prometida, a qual muitas pessoas falam isso aí, mas é uma dificuldade: a terra prometida – a reforma agrária. Porque para nós ela está chegando até nós. Para mim ela está custando cinqüenta anos que é o que meu pai não conseguiu, foi uma posse de terra. Ele teve que praticamente devolver novamente para os fazendeiros e eu fiquei lamentando... Eu nasci na roça, meu pai tinha aquela terrinha, eu não tenho mais. Eu fui correr atrás de algum pedaço de terra e já estou com quase 50 anos e aqui estou esperando, lamentando, crendo no senhor que aqui chegou o fim, não haverá mais outra reforma agrária para mim, esse é o ponto final." (Clemente, Horto de Vergel)

O fato de chegar aos quase cinqüenta anos para conseguir uma "terrinha" não é exclusividade do assentado cuja entrevista foi transcrita acima. A tabela abaixo mostra a faixa etária dos titulares do assentamento Pirituba 1.

A faixa etária que vai dos 41 anos até mais de 65 anos soma a maioria dos titulares (54 de 89 assentados, ou 60,67% dos assentados). Isso significa que o sonho alentado por muitos anos em ter a própria terra é uma verdade para a maioria dos assentados, mesmo levando-se em consideração a idade dos assentamentos, pois mais de 50% dos assentamentos do Estado de São Paulo têm de menos de 2 anos a 5 anos de existência.

Faixa Etária dos Titulares

Faixa etária	Número	%
< de 21		
21 a 30	15	16,85
31 a 40	20	22,47
41 a 50	25	28,09
51 a 65	19	21,35
> de 65	10	11,24
TOTAL	89	100,00

Fonte: ITESP/DAF, Caderneta de Campo 97/98

Mesmo que a luta pela terra leve muitos anos, a religião e a fé são dois fortes componentes da não desistência dela. Fica claro como o fator religioso se mescla ou mesmo dá sustentação ao movimento político. Essas pessoas lutam pelos seus direitos e pela justiça social baseadas em sentimentos profundos, como solidariedade e igualdade pregados pela Igreja, seja ela qual for.

Idade dos assentamentos rurais do Estado de SP/coordenação regional, 1998

CR	- 10 anos	6 a 10 anos	2 a 5 anos	- 2 anos	TOTAL
I	3	2	2	0	7
II	3	1	1	0	5
III	7	2	0	3	12
IV	3	4	1	0	8
V	1	1	0	0	2
VI	0	1	9	1	11
VII	1	3	0	2	6
VIII	0	0	20	1	21
IX	0	1	1	10	12
Total	18	15	37	17	87

Fonte: ITESP/DAF, Caderneta de Campo 97/98

As coordenações regionais são definidas pelo ITESP para a administração dos assentamentos pelo critério de regionalização municipal a que pertencem os mesmos. Pirituba 1 pertence à coordenação regional I, com sede em Itapeva e abrange os seguintes municípios: Itapeva, Itaberá e Avaré, onde se localizam os assentamentos Pirituba II (áreas 1, 2, 3, 4, 5 e 6 e Santa Adelaide).
O assentamento Horto de Vergel pertence à coordenação regional II, com sede em Sorocaba e abrange os seguintes municípios: Sumaré, Porto Feliz, Itapetininga, Iperó e Mogi-Mirim, onde se localizam os assentamentos Sumaré 1 e 2, Porto Feliz, Itapetininga, Ipanema e Horto de Vergel.

II. O retorno à terra: necessidade de sobrevivência e realização do sonho

"Que Deus possa abençoar esses governantes desse país que eles possam ter mais sabedoria e inteligência para olhar os quatro cantos dessa terra brasileira quantas famílias que estão perecendo dificuldade, por não ter um pedacinho de terra para trabalhar, sem emprego, sem nada. Para que ele veja todos os assentamentos de nível Brasil, toda região para que ele possa abrir exceção e entregar a terra para cada um... Que é um sonho da reforma agrária deixado, uma herança dos pais, que veio lá para trás, dos avós que chegou até nós. Para que não venha massacrar tanto esse povo nesses movimentos do jeito que eles vivem massacrando, sofrendo com dificuldade. Se a terra é do povo, se Deus criou o céu e a terra, e a terra acima de tudo é do povo, então devolva para ele trabalhar. Não fica prendendo uma coisa que está sabendo que é do povo. Porque Deus colocou o ser humano sobre a face dessa terra porque a terra é do homem, é dele sobreviver. Não é só para um só ser dono de tudo, mas cada um sobreviver nessa face da terra. E nós vemos aí muitos com muito e a maioria dos muitos sem nada praticamente, sofrendo, passando dificuldades." (Clemente - Horto de Vergel)

Maria Aparecida Moraes Silva (1993) discute em seu texto "Trabalhadores e Trabalhadoras Rurais a condição humana negada", a forma perversa pela qual o trabalhador ligado à agricultura é excluído econômica, social e existencialmente. Este(a) trabalhador(a) não tem nem sequer o seu direito básico de ter direitos.

A autora descreve de forma tocante uma categoria descoberta em suas pesquisas e vulgarmente chamada de "pingaiada", isto é, "trabalhadores que não precisam gastar dinheiro com a mudança, gente que carrega a casa às costas." (SILVA, 1993:124).

Mudam de lugar em lugar carregando os seus poucos pertences em sacos e parando de acordo com a oferta ou ausência de trabalhos mal-remunerados e sub-humanos.

"A condição humana negada seria produzida no bojo deste processo de aviltamento, de negação do ser, de tal forma que a passagem da condição de trabalhador para a de migrante, itinerante, andarilho, peão do trecho, pingaiada, mendigo pode se dar de um momento para outro. Este processo é marcado pela não fixação tanto geográfica, quanto social. Migrar, andar, errar de um lugar para outro representam o desenraizamento, a negação da condição humana e a produção da exclusão." (SILVA, 1993:118)

Esse processo está inserido no contexto da "modernização" agrícola, da substituição dos trabalhadores por máquinas, como a colhedeira, no caso da cana-de-açúcar, e também pela história de concentração de terras nas mãos de poucos, o que resulta na resignação do trabalhador que não tem como sobreviver a não ser vendendo sua força de trabalho. Vender sua força de trabalho na melhor das hipóteses, pois SILVA (1993) cita vários casos de trabalho escravo em usinas de cana-de-açúcar, em São Paulo e Mato Grosso do Sul.

Os trabalhadores bóia-frias, nesse processo de proletarização, foram acompanhados pela volantização, ou seja, pela circulação da força de trabalho de uma unidade produtiva para outra.

"Esta situação foi acompanhada de um processo de violência cultural, através do desenraizamento dos antigos colonos, parceiros, sitiantes (da região), dos moradores (provenientes dos estados do Nordeste) e da violência simbólica através da desvalorização simbólica do espaço, manifesta, quer através das moradias de barro auto-construídas, quer do transporte para o trabalho em caminhões e do uso de vestes impregnadas da marca social que passou a caracterizar estes trabalhadores." (SILVA, 1993:119)

Os "pingaiadas" representam, assim, pela carência total de condições objetivas e subjetivas de sobrevivência, o limite mínimo ou quase nulo de existência humana.

A negação de tal injustiça humana e social é apresentada aos sem-terra pela reforma agrária, pois a eles é dada a possibilidade de vida e não de morte, tanto simbólica quanto física, não seria exagero dizer.

Por meio de uma reforma agrária democrática e consistente em fornecer não apenas o acesso à terra, mas também os meios necessários para o pequeno produtor cultivá-la, seria possível trilhar um novo destino para os excluídos da terra.

II. O retorno à terra: necessidade de sobrevivência e realização do sonho

Quando são ouvidas as entrevistas realizadas com os assentados, as suas histórias de vida não chegaram a ser de desenraizamento total, como é o caso dos "pingaiadas". Em sua maioria, eles "rodaram" bastante em busca de trabalho, de um lugar em que pudessem fixar moradia, enfim, de condições mínimas de sobrevivência, mas nunca perdendo de vista o ideal de ter o seu lugar. Entretanto, eles conseguem minimamente datar, através de referências subjetivas que sejam, os lugares por onde passaram e por quanto tempo ficaram.

"Mesmo no caso dos migrantes que se ausentam de seus locais de origem tem-se que o espaço da reprodução (social) é sempre referente às suas famílias. Em relação a eles, observa-se uma mescla de desenraizamento-reenraizamento ao se referirem ao "seu lugar". Conservam, mesmo que nos seus imaginários, suas raízes.

Os "pingaiadas", ao contrário, não possuem referência de um espaço reprodutivo fixo. Este espaço é cambiante segundo os espaços produtivos." (SILVA, 1993:123)

Na mesma proporção da falta de referenciais subjetivos e de identidade social, vem a descrença na possibilidade de se ter direitos. São pessoas que encaram a oferta de um trabalho, por pior que sejam as condições desse trabalho, como benevolência dos donos de terras.

Aqueles que vão em busca de um pedaço de terra no processo de reforma agrária negam a condição de trabalhadores mal-remunerados e maltratados e lutam por um trabalho de maior autonomia e liberdade.

III

O retorno à terra a partir da relação campo/cidade

> *"Seja como for, os deserdados da terra alimentam a esperança de melhores dias. E uma coisa é certa: não querem mais fugir para as cidades, que já não podem absorvê-los, dar-lhes trabalho e condições dignas de vida. Preferem, pois, resguardando-se das ameaças da delinqüência e da prostituição dos grandes centros urbanos, permanecer nos acampamentos à margem das estradas e esperar pela oportunidade de ocupar a terra tão sonhada, mesmo correndo risco de vida. Seus projetos são idênticos: lavrar um pedaço de terra finalmente seu, construir uma casa para a família. Assegurar o sustento desta e, por meio da cooperativa a ser criada, comercializar os excedentes de sua produção agrícola, garantindo a manutenção de escola para os filhos. É esse, em síntese, o sonho comum dos sem-terra."*
>
> *(SALGADO, Sebastião. Terra, 1997:141)*
>
> *"Fora da decrescente população rural, o envolvimento do homem tecnológico com a natureza é mais recreacional do que vocacional."*
>
> *(TUAN, Yi-fu, 1980:110)*

Primeiramente é necessário ressaltar que se acredita haver, como defendido por José Graziano da Silva (1999), uma crescente urbanização do meio rural no que tange a aspectos econômicos e sociais. Entretanto, no nível cultural e na introjeção de alguns valores, considera-se que ainda existam distinções entre o que seja rural e o que seja urbano. Neste livro, são freqüentemente citadas essas denominações, tendo as mesmas este último significado.

A maior parte dos assentados refere-se à cidade como sendo aquela que oprime, aquela que impõe ritmos aos quais eles não se adaptam. Um dos entrevistados no assentamento Pirituba 1 relata que aqueles que têm uma experiência de vida mais direta no contato com a terra resistiram melhor às adversidades impostas no início da ocupação da fazenda.

"Mas tem muita gente na cidade que era da agricultura, que perdeu as terras e foi embora pra cidade, mas é louco na cidade pra voltar para o campo, porque a vida dele é no campo, ele é camponês, ele não se dá bem na cidade. Você vê que tem um número de gente muito grande na cidade, que era do campo, e está na cidade." (Baiano - Pirituba)

O movimento das pessoas campo-cidade-campo é muito comum, aliás não só nessa linha de direção única, mas com muitas idas e vindas próprias de quem busca um pedaço de terra para viver, no sentido amplo do termo.

Atualmente, segundo Graziano (1999), são cada vez mais comuns ocupações no ambiente rural que não têm caráter estritamente agrícola, constituindo-se nas, por ele chamadas, Ocupações Rurais Não-Agrícolas – ORNA.

"(...) já não se pode caracterizar o meio rural brasileiro somente como agrário. E mais: o comportamento do emprego rural, principalmente dos movimentos da população residente nas zonas rurais, não pode mais ser explicado apenas a partir do calendário agrícola e da expansão/retração das áreas e/ou produção agropecuárias. O conjunto de atividades não-agrícolas – tais como a prestação serviços (pessoais, de lazer ou auxiliares das atividades econômicas), o comércio e a indústria – responde cada vez mais pela nova dinâmica populacional do meio rural brasileiro." (GRAZIANO, 1999:28)

Esse autor demonstra com dados estatísticos o quanto a população que habita no campo gradativamente aumenta sua ocupação em tempo integral ou parcial em atividades não essencialmente agrícolas. Ele destaca que de acordo com as PNADs – Pesquisas Nacionais por Amostra de Domicílios – "de 1981 e 1990, a taxa de crescimento das pessoas residentes no meio rural

III. O retorno à terra a partir da relação campo/cidade

ocupadas em atividades agropecuárias cresceu a 0,7% aa enquanto que a das pessoas residentes no meio rural ocupadas em atividades não-agrícolas cresceu a 5,9% aa." (GRAZIANO: 1999:131)

A urgência da reforma agrária no Brasil não se deve apenas à resolução do problema da desigual distribuição de terras. Considera-se prioritária uma reforma agrária que responda às carências sociais e econômicas básicas da população excluída de trabalhos agrícolas já desde a década de 1960 em virtude da mecanização agrícola e a conseqüente efetivação de políticas públicas para enfrentamento desse problema.

Ainda segundo Graziano, "no final do século XX a nossa reforma agrária não precisa ter mais caráter estritamente agrícola, dado que os problemas fundamentais da produção e preços podem ser resolvidos pelos nossos complexos agroindustriais.

É preciso hoje a reforma agrária para ajudar a equacionar a questão do nosso excedente populacional até que se complete a nossa 'transição demográfica' recém-iniciada. E a reforma agrária que permitisse a combinação de atividades agrícolas e não-agrícolas teria a grande vantagem de necessitar de menos terra, o que poderia baratear significativamente o custo por família assentada, o que é forte limitante para a massividade requerida pelo processo distributivo, especialmente nos estados do Sul e Sudeste. Porque não um assentamento que além de arroz e feijão produzisse também casas populares? Ou um 'pesque-pague' que desse opção de lazer barato às nossas classes médias baixas confinadas nas grandes metrópoles? Ou guardas ecológicos que protegessem o entorno de nossos parques e reservas florestais e servissem de guias turísticos? Ou de caseiros de 'chácaras de recreio' com acesso gratuito às terras garantido por regime de comodato?

Trata-se no fundo de buscar novas formas de ocupação para essa população sobrante do ponto de vista estritamente agrícola e industrial, de ex-parceios, ex-meeiros, ex-bóia-frias, ex-pequenos produtores rurais que foram marginalizados pela modernização conservadora das décadas passadas. Trata-se de buscar nas franjas do crescimento da *prestação de serviços pessoais* que caracteriza o mundo atual, um conjunto de novas ocupações artesanais que não exijam níveis de qualificação outro que não possam ser adquiridos através de um treinamento rápido para esse conjunto de milhões de 'sem-sem', que além de terem perdido o acesso à terra, não têm o privilégio de estarem organizados no Movimento dos Sem Terra." (GRAZIANO, 1999:131)

Em uma das entrevistas realizadas no Horto de Vergel, foi aventada a possibilidade de um futuro pesqueiro no lago que já existia lá anteriormente, de transformação das casas de antigos funcionários da ferrovia em pousadas e também de um restaurante e lanchonete na antiga estação de trem (o que já estava sendo feito).

Isso aponta para a sensibilização dos assentados para o que pode gerar-lhes renda, além do plantio em seus lotes. Outros exemplos que já se praticam neste assentamento seriam a extração de óleo de eucalipto da plantação lá existente e da venda dos mesmos quando secos para madeireiras. Houve referência também, por parte de um dos assentados, da intenção em se praticar a piscicultura, por ser um local com abundância de água.

Felizmente nota-se, a partir das intenções explicitadas por esses assentados, que alguns projetos propostos resultantes de estudos teóricos, como é o caso deste estudo de GRAZIANO, não ficam apenas no papel.

Como já mencionado neste texto, acredita-se que, além do aspecto objetivo de oportunidade de sobrevivência que representa a ida para o assentamento, existem aspectos subjetivos que impulsionam essa ida. Sempre que há referência a São Paulo ou a qualquer outra cidade, a reação por parte dos assentados é negativa, não apenas pelas más condições financeiras de sobrevivência.

Apóia-se, em parte, em Pierre Bourdieu para fundamentar a análise dos fatores subjetivos e objetivos que impulsionaram os assentados em buscar a sua terra no campo e não na cidade.

A partir do seu conceito de habitus, Bourdieu discute valores gerados pela condição socioeconômica, mas introjetados no âmbito subjetivo dos indivíduos que compõem os grupos sociais e que definem, inclusive, suas escolhas estéticas. Dessa forma, acredita-se que alguns valores, atitudes e sentimentos estariam mais ligados à vida na cidade e, em contrapartida outros mais ligados à vida no campo. Segundo o conceito de habitus, os indivíduos têm disposições e escolhas simbólicas e culturais de acordo com as condições objetivas de existência. Assim, o grupo social aqui analisado apresenta disposições culturais que pesam na organização e reivindicações do mesmo.

O habitus é o princípio unificador gerador de todas as práticas e opções culturais e de consumo. Portanto, as opções por determinadas casas, móveis, quadros, bebidas alcoólicas, cigarros, comidas revelam o estilo de vida das pessoas, sendo o gosto o princípio gerador desse estilo.

"Assim, a visão de mundo de um velho marceneiro, sua maneira de gerir seu orçamento, seu tempo ou seu corpo, seu uso da linguagem e suas escolhas indumentárias estão inteiramente presentes em sua ética de trabalho escrupulosa e impecável, do cuidado, do esmero, do bem-acabado e em sua estética do trabalho pelo trabalho que o faz medir a beleza dos seus produtos pelo cuidado e paciência que exigiram. Pars totalis, cada dimensão do estilo de vida simboliza todas as outras; as oposições entre as classes se exprimem tanto no uso da fotografia ou na quantidade e qualidade das bebidas consumidas quanto nas preferências em matéria de pintura ou de música." (BOURDIEU, 1983:84)

Nessa linha de pensamento, a marca de maior relevância na diferenciação entre as classes seria a presença do luxo ou da necessidade. Tal disposição para um ou outro não se pode dizer subjetiva, pois, segundo Bourdieu, seria uma "objetividade interiorizada". As classes populares têm, por exemplo, necessidade de ambientes cômodos, limpos e práticos e, no tocante ao vestuário, cortes clássicos sem os riscos de "cair" de moda. Já a classe média opta por ambientes íntimos e bem cuidados e no vestuário por originalidade e que esteja seguindo os ditames da moda.

Conclui-se que, quanto mais as disposições relativas ao "estilo de vida" se distanciam do mundo ordinário e das necessidades urgentes, maior é a "estilização da vida". Esse poder sobre as necessidades dominadas reivindica para as classes privilegiadas uma superioridade legítima muito difícil de ser contestada por ser distante das necessidades econômicas e acaba por parecer uma característica singular e natural das classes privilegiadas. "O privilégio mais classificador tem, assim, o privilégio de aparecer como o mais fundamentado na natureza". (idem: 88)

De acordo com Bourdieu, essas diferentes disposições estão, pois, determinadas por um conjunto de valores que resultam das primeiras e mais tenras experiências na família, posteriormente na escola e mais tarde no tipo de trabalho exercido. No que tange ao gosto pela pintura, por exemplo, as classes populares admiram o que é apresentado com fidelidade à beleza natural quando retratadas pessoas, animais ou paisagens. Essas se opõem ao formalismo da obra que tira a coisa representada de foco, colocando o artista e suas intenções em primeiro plano e tirando a possibilidade da "comunicação direta e total com a beleza do mundo que é a forma por excelência da experiência estética popular." (idem:91)

Baseado em Bourdieu, pode-se dizer que as preferências estão fundadas na carga de valores experienciados, entretanto, existe o que é legítimo de ser admirado e preferido. A "imposição da legitimidade" se coloca a todos – classes populares e classes superiores. Nas classes populares isso fica evidente quando a mesma tenta dissimular sua ignorância ou indiferença e propor como preferência estética o que julga ser mais legítimo.

Nas classes dominantes, o gosto cultural legítimo é incutido pelos programas escolares e mesmo a busca pela originalidade não se desvincula do que é visto como culto. Acontece que o gosto é visto de uma forma naturalizada, ou seja, existe o "bom gosto" - pertencente às classes dominantes - e o "mau gosto" – pertencente às classes subalternas.

III. O retorno à terra a partir da relação campo/cidade

O mau gosto "naturalizado" é detectado pela burguesia através de sinais como aqueles que só têm o saber prático cotidiano, aqueles que não sabem viver e não sabem aproveitar o tempo livre.

A escola formal tem, nesse processo, o papel de perpetuar e legitimar essas diferenças que, na verdade, não são só de classe econômica "excluída da propriedade dos instrumentos de produção, eles são também desapossados dos instrumentos de apropriação simbólica". (idem:100).

Assim, o conhecimento transmitido nas escolas, nas fábricas e em instituições de ensino e qualificação em geral se questionado profundamente não faz sentido à vida prática das classes populares. No entanto, justamente por questionar esse tipo de educação que molda valores de classes superiores como sendo os legítimos, os educadores progressistas ou ligados a movimentos sociais, como o MST, procuram trabalhar os conteúdos escolares em estrita relação e sentido ao dia-a-dia do trabalhador. Dessa forma, ele vê a educação fazer sentido e se vê inserido no universo da educação.

No campo da arte, Bourdieu concluiu que esta, separada da vida social com impressões puramente pessoais do artista, é a arte que encobre e obscurece a verdadeira e injusta distinção econômica entre as classes sociais. Por outro lado, a verdadeira arte, aquela digna desse nome, deveria, em poucas palavras, educar ao transmitir "a verdade social e histórica que todos podem julgar". (idem:20)

Além disso, a arte deveria ter por função fazer sentido para o viver cotidiano das diversas frações de classe. Elucidativa para essa afirmação, cita-se, assim como o fez Bourdieu, Proudhon:

"Eu daria o Museu do Louvre, as Tuileries, Notre-Dame – e de quebra as colunas – para morar numa casa própria, numa casinha feita à minha maneira, que eu ocuparia sozinho, no centro de um pequeno cercado de um décimo de hectare, onde eu teria água, sombra, grama e silêncio. Se eu me preocupasse em colocar lá dentro uma estátua não seria nem um Júpiter, nem um Apolo: não tenho nada a ver com esses senhores; nem vistas de Londres, de Roma, de Constantinopla ou de Veneza: Deus me guarde de morar aí! Eu colocaria o que me falta: a montanha, o vinhedo, a campina, cabras, carneiros, ceifeiros, pastores." (idem:120)

A última frase dessa citação faz remeter ao tema aqui tratado, o retorno à terra e o ideal de vida na terra para os assentados pela reforma agrária. Grande parte dos entrevistados revelam a apreciação estética que fazem do espaço físico rural, mas não só físico – todos os sentidos estão envolvidos nessa apreciação e predileção.

O fato de visualizar a paisagem – rios, bichos, árvores; de sentir cheiros – da terra, do ar puro; de ouvir – o galo cantar, o bater de asas dos pássaros, o silêncio noturno – compõem-se em sentidos envolvidos no conceito de habitus de Bourdieu, o qual define-se como um princípio gerador das práticas dos diversos agentes sociais. O habitus, por ser um sistema de disposições duráveis onde são integradas as experiências passadas, funcionaria, assim, como referência das percepções e ações.

Ainda no que se refere à predileção dos que retornam à terra pelos valores de vida a ela ligados em contraposição aos valores da cidade, Eliane Rapchan (1993) conclui, pelo que dizem os assentados, que para eles são muitos os aspectos negativos da vida na cidade. O assentamento é visto como lugar seguro, onde se pode confiar nas pessoas. Em contrapartida, a cidade representa a ameaça e a insegurança. Quando se referem ao tempo em que moravam na cidade, dizem da inadaptação aos ritmos urbanos, do tipo de trabalho exercido nas fábricas, da falta de liberdade que se impõe e à dificuldade em estabelecer relações de amizade nesses ambientes.

"No sítio, a gente tinha a fartura que tinha pra brincar, mesmo não sendo da gente. E aí é onde a gente se sentia... aí quando eu voltei pra cá, eu me senti... nossa!, aí eu me senti assim, 'Ah, aqui eu posso implantar aquilo que eu sempre quis, sempre sonhei', que é ser livre, que é cuidar do que é meu, criar uma galinha, um porco, tirar da terra o meu sustento, não depender de ficar, de ter que trabalhar de dia pra comer de tarde... " (Ileide, Horto de Vergel)

"A realidade do presente interage com o passado simbólico: o mito da terra prometida que guiou a etapa de luta pela terra é revisto, revisitado, redimensionado face aos embates cotidianos.

III. O retorno à terra a partir da relação campo/cidade

A terra prometida, esta idéia de busca e conquista, confunde-se com as lutas de poderes, mas se funde também com mitologias e escrituras religiosas (a própria Bíblia) e com crenças refletidas do passado no imaginário.

Essa terra, agora ocupada e construída como um novo 'lugar', passa a constituir-se como o lugar sagrado que a alma percorre quando os trabalhadores assentados rememoram a luta, a chegada e a construção da nova vida." (D'ÁQUINO, 1994:238)

É a construção ao mesmo tempo de uma nova vida num lugar onde já se viveu e onde pretende-se terminar os dias. Na fala de um dos assentados do Horto de Vergel pode-se interpretar a presença do seguinte pensamento bíblico: "Do pó vieste, ao pó retornarás". (...)

"Então, o objetivo nosso é progredir porque a cidade, já passamos pela cidade e não tem nada que preste. Então o que nos resta é findar novamente na roça. Da roça nós viemos e pra roça nós já estamos novamente retornando, fomos pra cidade voltamos para a roça." (Clemente, Horto de Vergel)

A volta para a terra não reflete a volta de valores comunitários e vicinais presentes há duas ou três décadas atrás para o homem do campo. Seria ingenuidade fazer tal afirmação, mas acredita-se que há um redimensionamento e um certo resgate desses valores.

Convém reafirmar que a dicotomia aqui referida entre campo e cidade dá-se no nível simbólico e de valores culturais ligados ao que se convencionou chamar de rural e urbano, acrescentando-se também que a idéia de natureza é construída socialmente. Assim como Yi-fu Tuan (1980), na tese de Gislene Silva (2000), a mesma afirma que as pessoas sentem e expressam de forma diversa o que para elas significa afetivamente o lugar onde vivem ou os lugares por onde passeiam. De acordo com SILVA:

"É importante reafirmar, para além da classe social, a presença determinante do fator urbano na fermentação deste ideário pastoral, deste anseio rural. Mais precisamente, do ponto de vista da localização espacial e temporal de quem está observando a natureza e tecendo sobre ela uma idéia, uma definição. Porém, mesmo a urbanidade desempenhando significativo papel na visão que se faz do ambiente natural, é fundamental observar que, seja por classes, culturas ou momentos históricos, as visões do que é a natureza, por diversas que sejam, são construções mentais, cujas significações os homens vão moldando aos seus temores, sua religiosidade, suas necessidades, aspirações e ambições, quer materialistas, quer espirituais." (SILVA, 2000:44)

Portanto, postula-se que não há uma dicotomia absoluta entre campo e cidade nos aspectos geográficos e socioeconômicos. Dicotomia esta que, como defende José Graziano da Silva (1999), vem diluindo-se progressivamente; fenômeno que o autor denomina como "rurbano". Há sim, no imaginário das pessoas, visões socialmente construídas do que seja o campo e a cidade. Visões estas detectadas nas falas dos assentados quando justificam a ida para o assentamento.

A dicotomia da visão campo/cidade, imbuída de todos os seus aspectos positivos e negativos, tem início na Inglaterra do século XVII. Com o processo crescente de industrialização e das cidades, a aristocracia passa a valorizar a paisagem e os valores ligados ao campo. Nada seria mais recomendado para problemas do corpo e da alma do que o contato com a natureza e com as praias. O banho de mar seria o remédio para a revitalização e recomendado para combater o estresse da vida urbana. Entre o mar e as serras, a aristocracia inglesa oscilava na busca de uma fonte de energia e fuga dos aspectos negativos da cidade, como o ritmo acelerado e a poluição. Hábito este que parece perdurar até os dias atuais para os moradores das cidades, sejam de que países forem.

"Durante o século XVIII o erudito europeu deificava a natureza. Para os filósofos e poetas, em particular, a natureza chegou a representar sabedoria, conforto espiritual e santidade; supunha-se que as pessoas poderiam derivar dela entusiasmo religioso, retidão moral e uma compreensão mística do homem e de Deus. (...) Os literati da época eram urbanizados, porque era na cidade (em especial Londres) que estavam todas as oportunidades políticas e pecuniárias. Mas, pareceria que eles reagiram contra as suas condições de

III. O retorno à terra a partir da relação campo/cidade

citadinos. Os poemas neoclássicos escritos na primeira metade do século dezoito estavam plenos de temas de reclusão. Eles falavam do desejo de abandonar a 'alegre cidade onde reinavam os prazeres' pelos 'campos humildes'. Os cavalheiros se isolavam no campo, por sua solidão, que estimulava o estudo e a contemplação. (...) Os poetas descreveram como uma pessoa é arrastada 'da solidão para a melancolia; para encontrar um prazer mórbido nas cores suaves do entardecer, na escuridão e mistério da noite, na igreja às escuras, nas ruínas desoladas... na insignificância do homem e na inevitabilidade da morte".[4]

Em meados do século dezoito, no entanto, apareceram sinais claros de uma apreciação mais profunda da natureza que se estendeu além do campo, para as montanhas, o deserto e o oceano."

Segundo Yi-fu Tuan, a relação afetiva entre a pessoa e o lugar tem variadas formas de expressão. Esta relação é chamada pelo autor de "topofilia".

"A topofilia é um neologismo, útil quando pode ser definida em sentido amplo, incluindo todos os laços afetivos dos seres humanos com o meio ambiente material. Estes diferem profundamente em intensidade, sutileza e modo de expressão. A resposta ao meio ambiente pode ser basicamente estética: em seguida, pode variar do efêmero prazer que se tem de uma vista, até a sensação de beleza, igualmente fugaz, mas muito mais intensa, que é subitamente revelada. A resposta pode ser tátil: o deleite ao sentir o ar, água, terra. Mais permanentes e mais difíceis de expressar, são os sentimentos que temos para com um lugar, por ser o lar, o locus de reminiscências e o meio de se ganhar a vida." (TUAN, 1980:107)

---

4. HASS, Cornelis Engelbertus de. *Nature and the Country in English Poetry*, Amsterdã: H.J. Paris, 1928, p. 150 apud TUAN, 1980:124)

Nesta relação de muitos e múltiplos afetos, a cidade é vista como o lugar onde se "vai levando" a vida sem muito entusiasmo no sentido estético e de maior qualidade de vida, mas onde há a oportunidade de melhores empregos e trabalhos (pelo menos na imaginação das pessoas) e, portanto, de se ganhar mais dinheiro. Dinheiro esse que deve ter parte reservada para os finais de semana e feriados para refugiar-se nas serras ou nas praias, locais que apresentam qualidade de vida, embora não apresentem boas oportunidades financeiras.

No caso dos benefícios da água do mar, Yi-fu Tuan relata que muito de sua credibilidade deveu-se à publicação de estudo médico do Dr. Richard Russel sobre o tratamento de doenças glandulares pela água do mar. Tal estudo foi bem recebido por um século pelos hipocondríacos e hedonistas europeus.

As pequenas cidades litorâneas ou das serras apresentam qualidade de vida. Em contrapartida, os grandes centros urbanos nada mais são do que a construção do homem para o desenvolvimento do "processo industrial e de regime capitalista." (SILVA:2000:24)

Segundo Raymond Williams, "A inocência rural dos poemas bucólicos aponta para o contraste entre natureza e mundanidade, opondo bosques, animais, plantações a mercados e escritórios do mercantilismo e até mesmo a minas, pedreiras, oficinas e fábricas da produção industrial' (Williams, 1989:46 apud SILVA,2000:24)

Assim, Gislene Silva continua seu raciocínio ao analisar Raymond Williams.

"A essa atitude Raymond Williams dá o nome, no contexto da produção literária da Grã-Bretanha, de radicalismo rural-intelectual, ativamente hostil à industrialização e ao capitalismo, contrário ao comercialismo e à exploração do meio ambiente e apegado as sentimentos e tradições do campo. No tempo em que brotavam as primeiras cidades industriais, nada mais comum do que criticar um pelo outro, o fenômeno urbano pelo acontecimento industrial. Mas a crítica à industrialização, por sua vez, encobria o juízo negativo que já se fazia do sistema capitalista nascente. Na explosão da Revolução Industrial, uma visão da Inglaterra concebia a transição

III. O retorno à terra a partir da relação campo/cidade

da sociedade rural para a industrial como decadência e fundamentava o perpétuo recuo a uma sociedade orgânica ou natural. Exatamente o que Raymond Williams aponta como fonte da ilusão protetora da crise de nossa época: 'a idéia de que não é o capitalismo que nos está prejudicando, e sim o sistema mais visível e mais facilmente isolável do industrialismo urbano'. Quando, de fato, é o modo de produção capitalista o processo básico que está por trás da maior parte da história do campo e da cidade, ou mais, do caráter global da sociedade moderna, alterando e criando novos cenários. 'A indiferença competitiva e a sensação de isolamento nas cidades grandes têm uma relação profunda com as formas de competição social e alienação que são promovidas exatamente por este tipo de sistema' (Williams, 1989:395). A depreciação da vida urbana e a maneira de pensar o campo protegido dos efeitos do capitalismo é considerada, por vários autores, como a mesma ilusão. Pois ali também o regime impôs seu traçado, na busca do aumento de produção agrícola e na exploração com os mesmos fins lucrativos.

'Após as radicais transformações físicas ocasionadas pela Revolução Industrial, tornou-se fácil para nós não ver como foram profundas as alterações que a agricultura causou na terra, de modo visível até hoje. Alguns dos mais antigos e notáveis efeitos ambientais, tanto negativos quanto positivos, decorreram de práticas agrícolas. (...) Alguns danos são mais antigos que a ordem capitalista, porém o modo de produção capitalista continua a ser, em termos de história do mundo, o agente mais eficiente e poderoso de todos estes tipos de transformação física e social. A cidade é apenas uma maneira convencional de se ver essa espécie de transformação; e o campo, como agora quase todos sabem, é sem dúvida outra." (Williams, 1989:392-393 apud SILVA, 2000:24-25)

É evidente que a lógica capitalista invadiu também a vida no campo não só em termos econômicos e tecnológicos, como de valores culturais. Por exemplo, os desejos de consumo que, há algum tempo, seriam típicos da cidade deixaram de ser. Atualmente, devido à diminuição da distância entre centros urbanos e, principalmente, do acesso às informações vindas dos veículos de comunicação, estes desejos marcam também os moradores do campo.

Face a essa discussão campo/cidade, uma lembrança de uma das visitas ao assentamento Horto de Vergel vem à tona e ilustra em que momentos valores rurais e urbanos se distinguiam no passado e passaram a fundir-se atualmente.[5]

No Brasil, costumou-se considerar o rural como a periferia, como o local das ausências. "É onde faltava energia elétrica, água encanada, hospital, escola, estrada, transporte, telefone, televisão, cinema, poderes públicos. O lugar das desqualificações. Era apêndice do centro urbano, de quem dependia política, econômica, social e culturalmente. Pode-se afirmar hoje que essas qualificações urbanas invadiram o meio rural – obviamente, em um país de território continental e com problemas de gestão política como o Brasil, muitas áreas continuam distantes dos benefícios da modernização, fenômeno que historicamente se manifesta primeiro no ambiente das cidades." (SILVA, 2000:29)

Por isso, infere-se que a diluição entre a fronteira rural/urbano, no que tange ao atendimento das necessidades sociais, tende a amenizar-se, mas ainda está longe de ser uma realidade.

Georg Simmel (1967) é também um autor que corrobora a análise da diferenciação de atitudes mentais e valores para os moradores do campo e das grandes cidades. Em A Metrópole e a vida mental, o autor traça o perfil psíquico do homem da metrópole e do homem de pequenas cidades ou de vida rural. A vida psíquica da metrópole responde a vários e múltiplos estímulos; por exemplo,

---

5. Em uma das visitas a Vergel, fiquei por alguns dias trabalhando sozinha. Na sexta-feira, vieram encontrar-me meu marido e minhas duas filhas, de 2 e 1 ano. Pelo fato de meu marido ter ficado em São Paulo com as duas e, naquele momento, estar trocando as fraldas da menor, uma das mulheres do Núcleo de Menores, local em que estávamos, comentou: "Você vê a diferença, essa diferença é a de ter estudo.";
referindo-se ao fato de um homem cuidar das crianças. Naquele momento, eu poderia apostar, na minha cabeça ainda preconceituosa e cheia de estigmas relativos à cidade e ao campo, que ela iria dizer que a diferença era entre gente que mora na roça e gente que mora na cidade. Mas depois, pensando bem, percebi que esses estereótipos do que seja urbano e rural não fazem muito sentido não só para essa assentada, como para muitos em Vergel que moraram na cidade. Para ela, o que faz a diferença é o acesso a um nível mais elevado de instrução. Acesso que, infelizmente, não é dificultoso apenas para os moradores do campo.

Simone Barbanti

III. O retorno à terra a partir da relação campo/cidade

num simples gesto como atravessar a rua. O uso do intelecto ou das camadas conscientes para esse homem torna-se vital, pois esse seria um mecanismo de proteção e mínima garantia de vida subjetiva como resposta ao poder avassalador da metrópole.

"Assim, o tipo metropolitano de homem – que, naturalmente, existe em mil variantes individuais – desenvolve um órgão que o protege das correntes e discrepâncias ameaçadoras de sua ambientação externa, as quais, do contrário, o desenraizariam. Ele reage com a cabeça ao invés de com o coração." (SIMMEL, 1967:12-13)

Já a vida rural se apresenta em estímulos sensoriais mais lentos e habituais e no nível dos relacionamentos de forma mais intensa e emocional.

Um aspecto estritamente ligado à vida e atitudes do homem da metrópole é a economia do dinheiro. O dinheiro torna plano e impessoal o valor das mercadorias. A impessoalidade que envolve produtor e cliente, no sentido de que provavelmente não pertençam a círculos sociais pequenos, permite a falha ou a qualidade inferior da mercadoria.

Tudo se torna, assim, uma questão numérica, até mesmo o tempo das pessoas. O tempo passa a tratar-se de uma convenção social, na qual o grupo/sistema nos aponta o que é "perda de tempo". E aí reside o caráter mais perverso: o cálculo, o pontual, o exato não são apenas normas que regem as relações sociais.

"Tais traços também devem colorir o conteúdo da vida e favorecer a exclusão daqueles traços e impulsos irracionais, instintivos, soberanos que visam determinar *o modo de vida de dentro*, ao invés de receber a forma de vida geral e precisamente esquematizado de fora." (SIMMEL, 1967:15)

Nesse processo, quantas mentes criativas e interessantes deixam de se expressarem. As pessoas da metrópole buscam a diferenciação da multidão por "esquisitices" de aparências e status levadas ao extremo, pois, ao contrário das pequenas cidades onde se pode ser e se é reconhecido pela maioria sem grande gasto de energia, na metrópole, por uma questão de autopreservação, a pessoa se reconhece e é reconhecida apenas em pequenos círculos.

"Se houvesse, em resposta aos contínuos contatos externos com inúmeras pessoas, tantas reações interiores quanto as da cidade pequena, onde se conhece quase todo mundo que se encontra e onde se tem uma relação positiva com quase todos, a pessoa ficaria completamente atomizada internamente e chegaria a um estado psíquico inimaginável." (SIMMEL, 1967:17)

É essa atitude mental que faz o metropolitano parecer à gente da pequena cidade anti-social e antipático, mas essa "reserva" seria justamente uma forma de garantir uma sociabilidade sadia.

Por último, gostaríamos de comentar o que o autor chama de atitude blasé apresentada pelos metropolitanos. Ocorre que a excessiva exposição a rápidas e contraditórias impressões fazem com que os nervos se estirem tão brutalmente em uma e outra direção que suas reservas são gastas.

"Surge assim a incapacidade de reagir a novas sensações com a energia apropriada. Isto constitui aquela atitude blasé que, na verdade, toda criança metropolitana demonstra quando comparada com crianças de meios mais tranqüilos e menos sujeitos a mudanças." (idem:16) A conseqüência de tal atitude é a indiferenciação dos objetos ou fatos, não que sejam indiferentes em sua substância, mas é assim que são percebidos pelos homens da cidade.

Acredita-se que, tanto o fato de serem vistos como pessoas particularizadas e conhecidas, como o fato de quererem e apreciarem a tranqüilidade e a desaceleração do ritmo no campo contribuem para que os assentamentos sejam vistos como o ideal de vida para muitos assentados.

De qualquer forma, para os assentados que têm um passado de vida e de trabalho na terra, a visão de natureza foi construída diferentemente do que para aqueles que sempre viveram na cidade.[6]

"O apego à terra do pequeno agricultor ou camponês é profundo. Conhecem a natureza porque ganham a vida com ela. Os

---

6. Todos os assentados tiveram, em algum momento de suas vidas, experiência de trabalho na terra, sendo esse um critério de exclusão para que se entre na distribuição dos lotes.

trabalhadores franceses, quando seus corpos doem de cansaço, dizem que 'seus ofícios formaram parte deles'. Para o trabalhador rural a natureza forma parte deles – e a beleza, como substância e processo da natureza pode-se dizer que a personifica. Este sentimento de fusão com a natureza não é simples metáfora. Os músculos e as cicatrizes testemunham a intimidade física do contato. A topofilia do agricultor está formada desta intimidade física, da dependência material e do fato de que a terra é um repositório de lembranças e mantém a esperança. *A apreciação estética está presente, mas raramente é expressada.*" (TUAN, 1980:111) (grifos meus)

Esse autor afirma que o prazer visual, por exemplo, varia em tipo e intensidade e não está inteiramente determinado por uma convenção social. Alguns tipos de passeios turísticos têm como proposta implícita unir o homem à natureza. Entretanto, a aproximação do homem com a natureza que a vida moderna pretende criar não ocorre pelo contato físico. Não se sente a natureza em seu ciclo natural.

"O que falta às pessoas nas sociedades avançadas (e os grupos hippies parecem procurar) é o envolvimento suave, inconsciente com o mundo físico, que prevaleceu no passado, quando o ritmo da vida era mais lento e do qual as crianças ainda desfrutam." (TUAN, 1980:110)

Tanto para as crianças como para o trabalhador rural, a vivência da natureza se dá pelo contato físico. Ambos atribuem pouca importância ao que é pitoresco. O seu prazer pelo contato está na experiência dos detalhes ou dos ciclos naturais muito mais do que numa apreciação estética.

Tuan não deixa de considerar que o nível socioeconômico do trabalhador rural tem grande influência em seu sentimento topofílico. Para um miserável trabalhador rural assalariado, seu orgulho está localizado no seu esforço físico e habilidade em arar um sulco reto – "sua efêmera assinatura nesta terra" – e não em um sentimento de devoção e segurança próprias àqueles cuja terra é propriedade particular.

Julga-se, de acordo com este postulado de Yi-fu Tuan, que o assentamento propicia ao trabalhador rural, no momento em que o mesmo passa a cuidar da "sua terra", o fortalecimento da topofilia deste trabalhador.

O laço afetivo do trabalhador rural pela terra é analisado por Carlos Rodrigues Brandão em O Afeto da Terra (1999). Brandão afirma que o mesmo cenário-espaço de terra pode ganhar diferentes significados mais ou menos carregados de motivações e afetividade para o trabalhador rural. Isso depende essencialmente da história e da origem desse trabalhador, a terra que conta a sua história e a dos seus é muito mais imbuída de importância afetiva do que a terra do outro.

A familiaridade engendra respeito ou desprezo por lugares ou coisas. O principal motivo da afeição justifica-se pelo fato de que os pertences de uma pessoa, por lhe serem familiares, são a extensão de sua personalidade. Não são as roupas um bom exemplo de extensão de uma determinada e particular personalidade?

"Além da roupa, uma pessoa no transcurso do tempo, investe parte de sua vida emocional em seu lar e além do lar, em seu bairro. Ser despejado, pela força, da própria casa e do bairro é ser despido de um invólucro, que devido à sua familiaridade protege o ser humano das perplexidades do mundo exterior." (TUAN, 1980:114)

Esse seria o caso de muitos sem-terras que viram seus pais ou avós perderem a terra e hoje, no assentamento, vislumbram a possibilidade de resgatar a segurança da própria casa.

"(...) A consciência do passado é um elemento importante no amor pelo lugar (...) Os povos analfabetos podem estar profundamente afeiçoados ao seu lugar de origem. Eles podem não ter o senso ocidental moderno, mas quando procuram explicar a sua lealdade para com o lugar, ou apontam os laços com a natureza (o tema mãe-terra), ou recorrem à história." (TUAN, 1980:114)

De fato, quando questionados direta ou indiretamente sobre a sua ligação com a terra, os assentados justificam a mesma de duas formas: pela afinidade que têm com o ambiente rural ou por suas histórias que foram, algum dia, de ligação com esse e que deixou de existir por motivos alheios às suas vontades.

IV

O Tempo e o ritmo do campo como causas do retorno – um depoimento emblemático

Esse capítulo refere-se a um experimento de análise mais detido em uma das entrevistas realizadas no decorrer da pesquisa de campo. O eixo dessa análise se dá pelo referencial do tempo. Não apenas o tempo do relógio vivido/administrado no dia-a-dia, como também a categoria "tempo" enquanto passado/presente/futuro. O tempo que se transforma em história desses homens, o passado que ilumina a compreensão do presente e das utopias futuras.

A entrevista de José Vicente do assentamento Horto de Vergel foi escolhida para uma primeira análise pois, percebe-se nitidamente em sua fala o presente vivido no assentamento como a conseqüência de um fato bem marcado e marcante de seu passado. Ao mesmo tempo, o seu presente é, ou quase se aproxima, do ideal de vida sempre almejado para o futuro: ter a sua terra com todo o significado desta para ele, o qual será detalhado nessa análise.

Além disso, José Vicente tem um discurso e uma linha de raciocínio sobre sua história que seguem uma seqüência muito clara. Inclusive, houve momentos da entrevista em que se introduzia um novo tema e ele terminava o anterior para discutir depois a nova questão, esse também foi um elemento que facilitou a análise de sua entrevista.

Pretende-se utilizar como apoio para essa análise autores como Pollack (1989) que sugere o entendimento dos movimentos sociais e das reivindicações localizadas num tempo no qual a memória pode expressar-se. Embora o desejo de justiça esteja sempre presente para quem foi oprimido, este apenas se mostra em momentos em que a escuta do outro existe.

Também Halbwachs (1990) analisa os movimentos sociais a partir do sentimento de identificação e de conseqüente pertença ao grupo social como resultados da memória coletiva. Há acontecimentos que nos marcam como grupo e na presença do mesmo não sabemos se idéias e reflexões se originam em nós ou no grupo. De acordo com Halbwachs a memória nunca é estritamente individual.

Considera-se que os assentados pela reforma agrária têm esse sentimento de identificação e conseqüente inserção no grupo em apelo à memória de quando viveram na terra. Nesse sentido, o passado dá força à luta do presente de ocupação e construção do lugar e vislumbra-se o futuro como recriação do lugar de onde se saiu – a terra.

Paul Thompson (1998) é um autor bastante rico para a compreensão da noção de tempo de trabalho ideal para o assentado coerente com o vivido atualmente. Noção essa que se contraporia à do passado de empregado com o tempo regulado pelo interesse de lucro do patrão. E ainda, dos aspectos vida/trabalho/lazer/tarefas domésticas coexistindo no decorrer de um dia conforme a precisão e com a autonomia de escolha do assentado. Essa é uma idéia que está presente na maior parte das falas dos assentados e, como já mencionado, foi uma temática da pesquisa despertada depois de analisadas as primeiras entrevistas.

No texto "Passado Presente", Le Goff (1997) refere-se a várias maneiras de conhecer e exprimir essa relação. "O tempo do camponês é um tempo de regularidade e de paciência, de um passado em que procura-se manter o presente; sendo o tempo dos burgueses, como é natural, aquele que, para além de distinguir passado/presente (futuro), se orienta deliberadamente para o futuro." (LE GOFF 1997:297)

IV. O Tempo e o ritmo do campo como causas do retorno – um depoimento emblemático

A entrevista de José Vicente é iniciada pelo questionamento do local de nascimento, nome completo, idade e constituição da família. Sendo esta composta por seus pais e mais treze irmãos.

O seu pai era arrendatário de um fazendeiro em Jaguaritira-Minas Gerais. Esse foi o local de nascimento de José Vicente e, a partir disso, percorreu-se com o entrevistado um histórico dos seus locais de moradia até chegar ao assentamento com o intuito de captar a sua vivência no passado rural e compará-la ao presente.

Para José Vicente a ruptura com o local de origem e com a família e o início de uma vida de idas e vindas começou cedo. Isso se deu aos 13 anos e com um fato que praticamente determinou toda a sua trajetória de vida.

Ao chegarem em sua cidade homens vindos do Paraná fazendo muita festa e trazendo roupas, sapatos e dinheiro, José Vicente escuta a conversa entre seus pais: "Só nós que não vamos passar esse gosto de ver o filho da gente chegar de São Paulo..."

Tal comentário causou decepção a ele porque era uma criança independente que ganhava o seu próprio dinheiro e sempre ajudava em casa. Por isso, ele foi determinado na sua decisão: "É assim que vocês querem, é assim que vai ser." No prazo de oito dias fez negócio com a sua porca, seu cavalo e a roça e foi embora para o Paraná.

"(...) às vezes eu vinha na estrada, eu lembrava, começava a chorar, sabe? Chorar assim sem ninguém ver, pensando naquilo que eu tinha deixado, que era o pai, a mãe e os irmãos. E eles pobres, eu ajudava e tal, mas eu nervoso daquilo que eu tinha escutado deles, dos próprios pais. Aí eu vim (para Londrina), mas não agüentei ficar muito não. Fiquei acho que dez meses."

Este é um trecho muito tocante da entrevista porque ilustra o que acontece com milhares de outros brasileiros desfavorecidos. A carência financeira dilacera e se sobrepõe aos laços de família e faz com que precoce e absurdamente um menino de 13 anos seja o esteio da família e por sentir-se injustiçado se lance ao mundo sozinho para sobreviver.

José Vicente lembra que a ida para Londrina "clareou" sua vida. De volta para casa não conseguiu ficar seis meses porque agora sabia como o dinheiro lá (Paraná) era mais fácil de ser ganho e foi isso que o moveu para dar início às idas e vindas de Minas Gerais para o Paraná que duraram cerca de dez anos trabalhando como diarista.

Trabalhou como meeiro na lavoura de rami (fibra da qual se origina o linho) em Maravilha, cidade próxima à Londrina. Em 1980 foi para Maringá e ficou trabalhando por cinco anos de "meia" com um japonês e juntou um dinheirinho para comprar uma chácara em sociedade com o irmão, mas essa chácara era muito longe da cidade e difícil para sobreviver. Além disso "você sabe que essa coisas de meia nunca vão bem..." Venderam a chácara e repartiram o dinheiro.

Depois foi para Maringá, mas viu que não dava para morar na cidade com uma família grande, pois tinha seis filhos pequenos e "ainda sem profissão". Assim, pensou em tentar São Paulo, "rodou" por Salto e Conchal e não conseguiu encontrar emprego para os filhos porque eram muito pequenos. Quando questionado se: "rodar que o senhor fala é sozinho?", ele responde que não, que rodava com a família mesmo sem ter nada certo. "Toda a vida fui aventureiro."

Essa é uma afirmação que chama a atenção. Será que a característica de ser aventureiro seria um traço de personalidade ou foi aquela conversa entre os pais que o levou a isso? Independentemente da resposta, que provavelmente não é uma nem outra, mas um misto das duas, ele sempre foi aventureiro simplesmente porque buscava uma vida mais cômoda, porque onde estava não estava bom.

Chegando em Conchal fixou moradia para a família e ele "rodando" por várias cidades como "peão". Nessa época passou a fazer trabalho ligado à construção civil para uma grande empresa. Terminada a obra foi demitido e voltou aos bicos como ajudante de pedreiro. Quando questionado sobre sua preferência de trabalho, se trabalhos ligados à construção civil ou trabalhos de lavoura ele respondeu:

"A preferência minha é que eu trabalhe igual ao meu trabalho de *agora para a frente*. Levantar de manhã e ir para o meu serviço, que é a minha preferência."

IV. O Tempo e o ritmo do campo como causas do retorno – um depoimento emblemático

Em seguida, José Vicente foi indagado se sendo como conta-própria o trabalho dele poderia ser como pintor, pedreiro ou qualquer outro que não lavrador. E ele insistiu:

"É, hoje eu não quero isso. Aliás, eu nunca pensei nisso, trabalhar como conta-própria, assim, de pedreiro, carpinteiro, pintor, encanador, eu nunca pensei isso. O que eu pensava e penso até hoje é só trabalhar pra mim mesmo na lavoura, porque eu gosto muito. Gosto de plantar, ver a planta crescer, carpir, não gosto de dizer assim: Ah não! Vou plantar essa lavoura, mas vou carpir tudo com máquina. Não, eu gosto de carpir na enxada. É o que eu gosto... E... até que aconteceu esse movimento aqui e aí..."

Nesse momento da entrevista tenta-se iniciar o tema do movimento de ocupação do Horto. Entretanto, para não interromper sua trajetória ele complementa, antes de comentar o tema, que entre um bico e outro ele e o irmão tentaram um emprego em Paulínia, mas não passaram nos testes. A vaga acabou ficando para um primo deles.

Retornando de Paulínia um outro irmão havia arrumado um trabalho para plantar feijão por dois dias. Ele fez esse trabalho e com o "dinheirinho" que ganhou planejava ir para Avaré.

Nesse trecho da entrevista – quando o José Vicente fica sabendo do acampamento de Vergel através de um amigo que foi comprar feijão e uma porquinha do seu irmão – ele se recorda por duas vezes que estava chovendo.

"Nas lembranças mais próximas, aquelas de que guardamos recordações pessoais, os pontos de referência geralmente apresentados nas discussões são, como mostrou Dominique Veillon, de ordem sensorial: o barulho, os cheiros, as cores." (POLLACK:1989:11)

Pode-se acreditar ainda que esse foi um momento tão decisivo na vida dele que a memória não se expressou apenas cognitivamente, mas também sensorialmente. A chuva representou um momento de reclusão (ele suspendeu temporariamente a viagem para Avaré), de decisão e de renovação fazendo alusão ao sentido simbólico da água. Para o lavrador José Vicente a chuva também tem muita importância como garantia de bons resultados para o ciclo de plantio e de colheita e, portanto, é uma forte referência pessoal.

Através do acampado que foi à casa do seu irmão, José Vicente entra em contato com a possibilidade de ser um futuro assentado e fica muito interessado pensando consigo: *"Pelo o que eu estou passando não dá outra, vou entrar nessa."*

Essa frase é muito reveladora, pois ela traduz o sentimento coletivo de quem vai em busca da terra. Melhor dizendo: pelo que passamos desde que nascemos qual alternativa nos resta?

Na condição de assentado, o dinheiro por algum tempo ainda será pouco, mas pelo menos logo de início tem-se comida e casa, além de um trabalho que gera benefícios para si próprio.

O movimento dos Sem Terra e, em especial, grupos organizados pela Igreja Católica como as Comunidades Eclesiais de Base – CEBs têm um discurso que legitima a ação política e que é de apelo ao passado. Tanto um passado mais remoto no que se refere à Bíblia na qual Deus dá a terra para ser cultivada a todos os homens e não apenas a alguns; quanto de apelo ao passado mais recente e específico do Brasil onde há a recuperação histórica da formação dos grandes latifúndios que geraram os expropriados da terra.

"Muitos movimentos revolucionários tiveram como *palavra de ordem e objetivo, o regresso ao passado*, por exemplo, a tentativa de Zapata de restaurar no México a sociedade camponesa de Morelos, no estado em que se encontrava quarenta anos antes, riscando a época de Porfírio Díaz e regressando ao status quo anterior." (LE GOFF, 1997:299) (grifos meus)

Le Goff cita vários exemplos de movimentos políticos e revolucionários nos quais a referência ao passado foi a tônica dos discursos. A referência ao passado é inevitável na medida em que, como conclui o próprio Le Goff em citação a Eric Hobsbawn, "Nadamos no passado como peixes na água e não podemos escapar-lhe." (*idem*)

Em momentos de crise e transformação, a memória dos oprimidos é resgatada pelos movimentos sociais e, inclusive, os objetos de pesquisa acadêmica, em especial em ciências sociais, são escolhidos na tentativa de dar voz às várias memórias.

Quando é rompido o silêncio a que os oprimidos foram condenados vem à tona lembranças traumáticas de injustiças sociais. Não é casual que o MST se origine no final da ditadura militar e depois de anos de acúmulos dessas injustiças se reforça cada vez mais.

Muitas vezes, a memória oficial como poder hegemônico não permite a transmissão das lembranças e do conhecimento publicados, mas as gerações mais novas recebem oralmente as informações sobre o passado dos seus parentes.

Hoje, que já estão assentados e que a luta virou fato ouve-se, repetidas vezes, as mesmas histórias de famílias numerosas, sem ter o que comer, apesar de plantar, mas para o patrão. Trabalhos sub-humanos, o primeiro sapato com idade bem avançada; a impossibilidade de estudar por ter que trabalhar desde criança.

"O longo silêncio sobre o passado, longe de conduzir ao esquecimento, é a resistência que uma sociedade civil impotente opõe ao excesso de discursos oficiais. Ao mesmo tempo, ela transmite cuidadosamente as lembranças dissidentes nas redes familiares e de amizades, esperando a hora da verdade e da redistribuição das cartas políticas e ideológicas." (POLLACK, 1989:5)

É graças a essa reativação da memória que em momentos de crise a sociedade pode modificar-se e definir-se socialmente mais justa. Numa das entrevistas, um assentado que é liderança do MST se refere, a partir dessa realidade dos assentamentos, à aceleração da melhoria da qualidade de vida de uma geração para a outra.

"Claro, claro a geração dos meus filhos. Se você pegar o meu pai e os meus filhos, é uma mudança muito grande. Meus pais eram semi-analfabetos, nunca tiveram a oportunidade de vir pra cidade grande, de conversar como a gente está conversando hoje, de falar de educação, de saúde, falar de política, não tiveram essa oportunidade. E os meus filhos têm essa oportunidade. Então já é um processo muito grande de mudança. Pena que não é para todo mundo ainda.

É para uma pequena parte. E a nossa grande luta é pra que todos tenham essa oportunidade." (Delwek, Pirituba)

O que explica em parte o engajamento político dos filhos deste entrevistado no movimento é justamente a teia de lembranças e informações passadas desde os avós até eles. A lembrança do expropriado e oprimido vem já dos avós, sendo este um fato transmitido e que dá força ao movimento. Segundo Pollack (1989), a condição de oprimido é rememorada e jogada a público quando a "sociedade englobante" - esta mais dominadora que o próprio Estado - em conseqüência da ocasião de crise, é obrigada a "ouvir" as reivindicações e as contestações.

José Vicente relata que, desde sua chegada no Horto de Vergel, todos os companheiros do então acampamento notavam sua disposição para o trabalho. Todos ainda comentam o quanto ele trabalha e até questionam o porquê de trabalhar tanto.

Ele conta que trabalha bastante e contente porque está trabalhando para si mesmo e ninguém mais. Diz, ainda, que antes do assentamento nunca ganhou o suficiente para comprar uma casa ou um pedaço de terra e é por isso que hoje está tão satisfeito.

Quando vai trabalhar sozinho na sua lavoura já levanta mais cedo do que quando o trabalho é feito em grupo. Como ele próprio disse: ele "puxa" bastante no trabalho e, por isso, às três ou quatro horas da tarde está de volta e no assentamento também não falta trabalho, sempre tem o que fazer.

No dia em que foi realizada a entrevista de José Vicente, quando abordado, ele estava fazendo uma placa de madeira na forma de flecha onde estaria escrito: "Sítio do Zé Vicente".

Nota-se a referência ao passado quando ele escreve "sítio" na placa. O sítio seria a alusão a uma tradição por ele vivida em contato com os sitiantes proprietários de terra. Ao mesmo tempo, seria também uma realização por estar se situando no mundo com um papel definido e acorde com uma tradição – a de sitiante. Referência ao passado no momento em que se concretiza o sonho literalmente escrevendo na placa "Sítio do Zé Vicente".

IV. O Tempo e o ritmo do campo como causas do retorno – um depoimento emblemático

Há ainda mais um dado na fala do José Vicente que expressa a realização de seu sonho, pois quando perguntou-se se o sítio chamaria "Sítio do Zé Vicente" ele respondeu que apenas até abrir tudo – há ainda muitos eucaliptos verdes plantados – e que depois poria outra placa. O nome pensado para o sítio é "Alvorada" .

"'Alvorada' porque eu morei num sítio 'Alvorada' que eu gostava muito do sítio, sabe? Gostava muito, gostava muito do patrão, a gente se dava muito bem, o sítio nego falava que era meu, sabe?"

Como se nota nesta citação, a lembrança de um lugar em que se foi feliz, tão feliz e bem relacionado com o patrão, que até achavam que o sítio era dele é transportada para o presente pela reiteração do nome "Alvorada". O nome do seu sítio é um nome repleto de significados simbólicos e afetivos. Como o próprio José Vicente disse: "Tem coisas que marcam".

No livro *O afeto da terra* Carlos Rodrigues Brandão (1999:124) desloca o foco da classificação de sujeitos sociais do mundo rural para os cenários de trabalho dessas pessoas e chega às relações da seguinte ordem:

1) Eu e uma terra qualquer. Exemplo: bóia-fria.
2) Eu e uma terra de alguém. Exemplo: camarada.
3) Eu e a terra de minha lavoura. Exemplo: parceiro.
4) Eu e a terra de um meu. Exemplo: o trabalho na lavoura de um parente.
5) Eu e a minha terra. Exemplo: sitiante que trabalha na sua terra herdada ou comprada.
6) Eu e a terra dos meus. Exemplo: além de ser herdada, é uma terra que vale por estar acrescida do esforço e da vivência de ancestrais.

"Basta por um momento considerar os dois extremos, o da primeira alternativa e o da sexta, para compreender como um mesmo espaço-cenário de terra de agropecuária ganha significados e estabelece vínculos carregados ou não de motivações, de afetos e de sentidos segundo pesos e valores quase opostos."

Para os assentados, a volta para a terra é a possibilidade da reconstrução do afeto pela mesma, e também da reconstrução de sua história de vida/trabalho no *seu lugar*.

Conclui-se que, para os assentados o retorno à terra não significa somente uma alternativa de sobrevivência. Essas pessoas que, por diversos fatores, foram obrigadas a abandonar a terra, e para aquelas que sempre trabalharam na terra, mas apenas como um espaço de trabalho o assentamento tem o significado de ser o *seu lugar*. De agora em diante, os assentados vislumbram a possibilidade de dar vazão ao seu afeto, à sua dedicação e da sua família para um espaço que não é temporário, mas sim onde se construirá o seu futuro e dos seus.

Pelo fato de ter havido o desejo de nomear o seu sítio de "Alvorada", assim como o nome do sítio de seu antigo patrão, perguntou-se a José Vicente se o espaço físico, a paisagem de seu atual sítio lembrava a do antigo. A resposta foi negativa, mas quando interrogado sobre o que pensa da diferença entre a paisagem da roça e a paisagem da cidade, José Vicente estabelece prontamente a mesma dicotomia que vários dos assentados.

Ele respondeu que morou pouco na cidade porque o negócio dele é sossego, ou seja, fica estabelecida a relação de contradição cidade X sossego. Disse que muitos dos defeitos das pessoas são os mesmos na cidade ou na roça, numa comunidade, mas o que ele gosta é de "sentar debaixo de uma sombra, forro com qualquer coisa durmo, é esse tipo de coisa...

Simone Barbanti – Dá pra dormir até?

José Vicente – Dá pra dormir. Às vezes eu saio daqui, ó (mostra o lugar), minha roça é bem de frente, tem um pé de limão que tem lá, eu saio daqui, às vezes almoço, um dia que eu estou bem sossegado, saio daqui e vou dormir lá debaixo do pé da árvore. Chego lá, deito. Não é bem dormir (...) passo um soninho."

Na maior parte das entrevistas, um ponto de referência estruturador da memória é a paisagem. No caso acima mencionado, a memória coletiva do grupo social formado pelos assentados é a do lugar sossegado, tranqüilo em meio ao silêncio da natureza. Essa memória "ao definir o que é comum a um grupo e o que o diferencia dos outros, fundamenta e reforça os sentimentos de pertencimento e as fronteiras socioculturais." (POLLACK, 1989:3).

A coesão de um grupo social, a partir do sentimento de pertença, é um aspecto positivo da memória coletiva porque é um dos ingredientes que alavanca o engajamento na luta política.

José Vicente complementa ainda que por gostar desse sossego, de não gostar de muita conversa, de muito barulho de rádio ele é um tipo "antigo". Esse termo chama a atenção, pois a expressão "antigo", no seu caso, faz referência a uma visão romântica de recuperação e apelo ao passado no qual a pessoa tinha o silêncio, tinha boas conversas e não apenas piadas. Conversas essas que inclusive permitiam o resgate do passado por intermédio da cultura popular oral.

Em torno de conversas ou da apreciação de um conto relatados pelos mais velhos, as pessoas entravam em contato direto com a sua história de vida e com a história da sociedade.

Le Goff (1997) relata que o gosto romântico pelo passado que inspirou os movimentos nacionalistas do século XIX foram, além da antigüidade jurídica e filosófica, a cultura popular. Citando como melhor exemplo dessa tendência os irmãos Jakob e Wilhelm Grimm que foram autores, entre outros, de *Contos para crianças e Famílias*.

Chega-se a um trecho da entrevista em que presente e futuro, além do passado até agora exposto, se mesclam. Nesse sentido, o dia-a-dia de José Vicente é balizado pelo seu ritmo de trabalho que, por ser particular, é mais satisfatório e planejado como extensão para o futuro.

Como ele mesmo disse, ele trabalha feliz porque trabalha para ele, porque pode "puxar" bastante no trabalho por trabalhar sozinho e logo voltar para casa, ou seja, ele mesmo estabelecer o seu ritmo.

José Vicente fala também que nos dias em que está mais tranqüilo almoça e vai tirar um "soninho" debaixo da árvore existente no seu atual, mas provisório, pedaço de terra; e que no seu sítio vai plantar um pé de limão justamente para descansar à sua sombra.

O trabalho na roça é o trabalho visto como extensão da vida. Nesse trabalho o ritmo é regulado pelas necessidades imediatas na execução das tarefas. Nesse trabalho os ciclos naturais têm uma profunda interferência. E, acima de tudo, nesse trabalho há espaço para a coexistência de outros aspectos da vida. Assim, os homens envolvidos com esse trabalho podem dar-se à pausa para o descanso, para o lazer e para as relações sociais.

É justamente por isso que esse tipo de trabalho, na visão dos assentados, é muito mais compreensível. Um ritmo que não lhe é imposto e por isso não é destituído de sentido. Nas sociedades camponesas, haveria, segundo Thompson, uma "naturalização" do ritmo de trabalho orientado pelas tarefas.

"É possível propor três questões sobre a orientação pelas tarefas. Primeiro, há a interpretação de que é mais humanamente compreensível do que o trabalho de horário marcado. O camponês ou trabalhador parece cuidar do que é uma necessidade. Segundo, na comunidade em que a orientação pelas tarefas é comum parece haver pouca separação entre "o trabalho" e "a vida". As relações sociais e o trabalho são misturados – o dia de trabalho se prolonga ou se contrai segundo a tarefa – e não há grande senso de conflito entre o trabalho e "passar do dia". Terceiro, aos homens acostumados com o trabalho marcado pelo relógio, essa atitude para com o trabalho parece perdulária e carente de urgência." (THOMPSON, 1998:271-272)

No assentamento, junto ao resgate da vida e do trabalho na terra dá-se também o resgate de outros retornos vindos do trabalho, não somente o econômico. É o resgate de funções psíquicas e rituais como a satisfação no momento da colheita, quando são esquecidas as dificuldades de quaisquer caráter.

Para a grande maioria dos assentados, a automatização industrial representou o desemprego e não a expansão do tempo livre para o lazer. Devido a isso, o resgate do modo de vida na terra lhes propicia o resgate de valores nos quais a barreira entre trabalho e vida pode ser quebrada. Barreira essa que – para o trabalhador das cidades – talvez só possa ser destruída se reaprendidas algumas artes de viver como a dedicação às relações sociais e pessoais de forma mais enriquecedora. Essa saída para o tempo livre seria uma saída de caráter mais humanista do que a apresentada pela "indústria de entretenimento", na qual o lazer é fabricado nos parques de diversões ou *video-games*. Segundo pesquisa realizada pela universidade norte-americana de Stanford em que são avaliados os impactos do uso freqüente da Internet, conclui que: "Quanto mais tempo as pessoas usam a Internet, menos elas convivem com seres humanos 'de verdade'. Esta conclusão é do cientista político e pesquisador da Universidade de Stanford, Norman Nie.

De acordo com este mesmo cientista "a Internet está criando uma onda de isolamento social nos EUA, aumentando o risco de um mundo sem contato com humanos ou emoções. (...) Seremos milhões de pessoas praticamente sem interação social. A Internet é um meio com grande potencial para aumentar as liberdades, mas se continuar sendo usada assim, acabaremos isolados." Embora entusiastas da Internet argumentem que "as relações sociais não se baseiam apenas em contatos físicos." (FOLHA DE S. PAULO, 16 fev./2000).

Não se trata de fazer a apologia da vida selvagem ou bucólica isolada dos meios de comunicação ou da informatização, mas parece ser uma característica da modernidade aproximar o que está distante e distanciar o que está próximo.

De acordo com o relato de outro assentado, nota-se a mesma visão de tempo e liberdade características do assentamento.

Sr. Delwek: "Não, a verdade é que no campo, e nos assentamentos acho que mais ainda, *as pessoas têm mais tempo de folga. Quer dizer, é uma vida bem mais, como é que eu poderia dizer, acho que com mais liberdade.* Porque, por exemplo, o dia que tá chovendo as pessoas não vão na roça. As pessoas necessitam de ir pra cidade, comprar um remédio, alguma coisa, eles vão, não têm tanta preocupação de perder o dia de serviço. Então *é uma vida com muito mais liberdade, isso eu não tenho dúvida, com muito mais... mais* *tempo pras suas questões pessoais,* suas atividades, até pra própria organização, as pessoas vão pras reuniões do MST, das cooperativas, ou seja, da própria comunidade, ou seja, as pessoas têm mais tempo pra isso. Embora, quer dizer, o trabalho no campo seja por outro lado um trabalho mais pesado, o sol quente, *mas em termos de tempo ele tem muito mais liberdade,* comparando com um trabalhador urbano. (...) Porque, assim, as pessoas, por exemplo, você estava perguntando, eles estão indo pra roça, eles se encontram, eles param, eles conversam, eles fumam um cigarro, eles tomam um cafezinho na casa do outro, não é que nem o cara que pega um ônibus, desce no ponto, pega outro, pega o metrô... as pessoas vão, eles param pra conversar, eles tomam um cafezinho, fumam um cigarro, quer dizer, *têm uma certa liberdade de tempo.* Se eles chegam às oito, oito e dez, oito e vinte, não faz tanta diferença." (Delwek, Pirituba 1)

Pode-se concluir que tanto no que se refere à categoria tempo enquanto passado/presente/futuro, quanto ao tempo vivenciado no cotidiano, o assentamento representou para José Vicente uma espécie de "tempo ideal". No passado, o sonho sempre pensado para o futuro torna-se agora presente. No dia-a-dia seu tempo se faz prazeroso, pois é administrado num ritmo particular. Com toda a certeza esse duplo "tempo ideal" é o ideal de vida que pode ser estendido a muitos outros assentados.

V

A experiência de trabalho na terra como fator de influência nas práticas de cultivo e de preservação ambiental

É muito difícil ouvir dos assentados o conhecimento que têm sobre técnicas alternativas utilizadas na agricultura, a maioria já começa a trabalhar em contato com a "moderna agricultura" intensificada na década de 1970. Embora grande parte tenha nascido no campo e convivido com outras formas de plantio, esse conhecimento está morto e precisa ser hoje ressuscitado e reacreditado.

Depois de falar da função indispensável que tem o "veneno" na lavoura e do progresso que o maquinário traz para a agricultura, apesar de ter ressaltado quantos perderam o trabalho no campo em função disso, um dos entrevistados relata:

"Praticamente o que tem que fazer é preservar, tombar a terra que nem no Paraná fazia tanto com aquele entulho que tem que é o mato. Junto com tudo aquilo ali serve de adubo, roça que seja, deixa aquilo apodrecer. Aquilo ali também é a mesma coisa de um adubo da terra. O mato, preservar ele ali dentro, ele cultiva, tombar e deixar a terra... fortificar que fala. Cheia de proteína do próprio mato, o mato vai apodrecendo ele vai criando uma vitamina na terra. Então é onde que a maneira é essa, mas de qualquer forma tem que usar o remédio pra matar os insetos que geram através dali. É onde que não precisa usar o calcário, é a própria vitamina da terra, aquela capinha que tem por cima, não tem nem 20 centímetros, tudo o que vai apodrecendo ali vai se infiltrando, vai adubando."
(Clemente, Horto de Vergel)

Seria interessante tentar contextualizar em que momento homens ligados à agricultura incorporam e reproduzem como única forma de saber aquela ditada pelos interesses econômicos onde a produtividade é medida em termos de comercialização e não de preservação ambiental ou da saúde humana.

No livro *Pequena história da agricultura*, SZMRECSÁNYI (1990) nos relata que os estudiosos do desenvolvimento agropecuário têm tido a atenção desperta para o fato da baixa produtividade média por unidade de área nas principais lavouras e na pecuária bovina, devido ao desgaste do solo. Isso ocorre porque são utilizadas práticas "tradicionais" de utilização do mesmo como a agropecuária extensiva e predatória.

Entretanto, o referido autor lembra que não é tal tipo de produtividade (agronômica) que interessa ao empresário rural, mas sim a econômica medida em termos de alta produtividade por pessoa empregada, ou por capital investido.

"Infelizmente há donos de muitos alqueires que não tomam conhecimento do empobrecimento do solo e nem dos homens que para eles trabalham. A redondeza está cheia desses agricultores." (FERREIRA, 1992:60)

Enzo Tiezzi (1988) lembra o quanto é problemática a visão fragmentada da produção do saber. A fragmentação advinda da necessidade de especialização do conhecimento científico engendrou para o homem a sua limitação e não a sua libertação.

"Não acho que se deva considerar como consumada a fragmentação das disciplinas científicas, mas que, pelo contrário, é necessário recriar as condições para a recomposição da unidade da ciência (favorecendo as pesquisas interdisciplinares e o intercâmbio entre a cultura científica e a cultura humanística), para que ela possa cumprir o papel libertador em relação ao homem e possa assumir a dimensão social que lhe cabe." (TIEZZI, 1988:10)

O problema da fragmentação e especialização científicas foi implantado essencialmente com o advento da chamada modernidade. O paradigma da racionalidade imposto pela modernidade resultou, entre outras coisas, na desvinculação do sujeito e do objeto do conhecimento.

Com as ciências agrárias ocorre o estabelecimento da ambigüidade moderno/tradicional sem se questionar a real utilidade para a melhoria das condições de vida e mesmo da melhoria de renda da população rural.

O advento da modernidade se localiza, com variações de postura entre os estudiosos, entre os séculos XVII e XVIII. Influenciado por ideais Iluministas, a sua grande marca é a Razão vista como veículo da autolibertação humana. "Razão, neste caso significava a ciência demonstrável para entendimento e controle da natureza e da sociedade; razão significava também a filosofia racional que definia o destino humano em termos de liberdade e responsabilidade". (BAUM, 1992:8[788])

De início, a razão instrumental fomentadora do conhecimento científico e tecnológico e a razão substantiva, fomentadora do destino e liberdade humanos eram o grande motor da modernidade. No entanto, essa mesma razão foi-se tornando a responsável por um abismo entre as relações humanas e pelo controle destrutivo da natureza pelo homem.

"A natureza é tão-só extensão e movimento; é passiva, eterna e reversível, mecanismo cujos elementos se podem demonstrar e depois relacionar sob a forma de leis; não tem qualquer outra qualidade ou dignidade que nos impeça de desvendar os seus mistérios, desvendamento que não é contemplativo, mas antes ativo, já que visa conhecer a natureza para dominar e controlar." (SANTOS, 1988:49)

No campo das ciências sociais, a principal argumentação, nas palavras de Boaventura de Souza Santos, é de que "a ação humana é radicalmente subjetiva". Postula-se a necessidade de conhecer os fenômenos sociais pelas atitudes mentais dos indivíduos e como estes as concebem.

Para Boaventura, o paradigma científico que se apresenta, estando ele próprio inserido numa sociedade transformada pela ciência, não pode ser apenas científico, mas também social. Uma das teses presentes neste paradigma é que "todo conhecimento científico-natural é científico-social".

Há que se considerar o chamado senso comum e não apenas o conhecimento que se produz nos meios acadêmicos. Este conhecimento define o relevante do irrelevante no qual o intelectual acaba fundindo, em sua postura, saber e poder considerando o outro como leigo e, por isso, impossibilitado de estabelecer comunicação com aquele que tente analisá-lo mais profundamente, pois só ele tem essa competência.

O chamado senso comum, negligenciado pela ciência moderna, baseia-se também na contribuição ao conhecimento humano. O senso comum enriquece nossa relação com o mundo ao captar muito de nosso cotidiano. De acordo com Boaventura, um motivo relevante para o fim da ruptura conhecimento x senso comum é que neste capta-se as várias formas de vivência da subordinação de alguns grupos sociais e, a partir disso, as suas formas criativas de resistência a essa subordinação salientando assim:

"(...) a positividade do senso comum o seu contributo possível para um projeto de emancipação cultural e social." (SANTOS, 1989:41)

Um dos aspectos negativos da aceitação incondicional da ciência e tecnologia que nos são apresentadas trata do comodismo que criou em nossa adaptação social frente à produção técnica do meio ambiente em detrimento de nossa criatividade social e, mais ainda, individual. A dependência cega gerada por essa adaptação sem questionamento dos custos e benefícios não nos têm levado à proposta inicial da modernidade, ou seja, à liberdade e emancipação humanas.

Hoje, é necessário compreender-se a ciência em suas aplicações no que há de eventualmente destrutivo saindo de um conceito estreito de verdade científica absoluta. À luz dessa discussão, reflete-se sobre a realidade do produtor rural brasileiro em relação ao conhecimento técnico que lhes é levado pelo profissional da agricultura e chega-se, mais uma vez, ao abismo instaurado entre ambos.

*V. A experiência de trabalho na terra como fator de influência
nas práticas de cultivo e de preservação ambiental*

Em seu livro *O Mito Moderno da Natureza Intocada* (1998), Antonio Carlos Diegues constata que: "Um aspecto relevante na definição de culturas tradicionais é a existência de sistemas de manejo dos recursos naturais marcados pelo respeito aos ciclos naturais, à sua explotação (*sic*) dentro da capacidade de recuperação das espécies de animais e plantas utilizadas. Esses sistemas tradicionais de manejo não são somente formas de exploração econômica dos recursos naturais mas revelam a existência de um complexo de conhecimentos adquiridos pela tradição herdada dos mais velhos, de mitos e símbolos que levam à manutenção e ao uso sustentado dos ecossistemas naturais.

Além do espaço de reprodução econômica, das relações sociais, o território é também o *locus* das representações e do imaginário mitológico dessas sociedades tradicionais. A íntima relação do homem com seu meio, sua dependência maior em relação ao mundo natural, comparada ao do homem urbano-industrial faz com que os ciclos da natureza (a vinda de cardumes de peixes, a abundância nas roças) sejam associados a explicações míticas ou religiosas. As representações que essas populações fazem dos diversos *habitats* em que vivem, também se constroem com base no maior ou menor controle de que dispõem sobre o meio–físico."(DIEGUES, 1998:84-85)

Na última frase do trecho citado, fica evidente como a distância da terra, do ambiente natural, do mato vai, aos poucos, tirando do homem que trabalha e mora nela muito do aspecto mítico de suas ações. Aspecto este que gera um certo tipo de sabedoria que não é a legitimada por muitos que somente valorizam a razão técnico-científica, mas que se valida à medida que fornece a esses homens o limite da exploração ambiental e dos recursos naturais.

No imaginário dessas populações encontra-se os que protegem a floresta e castigam os que não o fazem. São o boitatá (gênio que protege os campos contra os incêndios); a Mãe-d'água/Iara (que cuida para que os ambiciosos não retirem peixes em excesso da água; o Anhangá (que castiga os que maltratam os animais); entre outros.

Os assentados não se inserem nos grupos tratados por Diegues em seu estudo. Isso porque são pessoas que, mesmo mantidas na terra, não estiveram sempre no mesmo espaço físico. Esse fato por si só já impede em falar-se de conhecimento tradicional e aprofundado do lugar em termos de relação com a natureza. Por isso, constatou-se que os assentados não preservam em sua memória aspectos místicos e lendários no que se refere ao trabalho com a terra.

O saber técnico-científico já está incorporado como único possível ou o mais prático para vários assentados. Muitos até reconhecem saber quando uma lavoura vai mal e, portanto, validando o seu conhecimento. No entanto, a saída apresentada para o problema de pronto é a utilização de agrotóxicos.

"... aqui tudo, quase tudo que os agrônomos sabem, nós sabemos também, sabe? Nós convivemos junto com eles, entendeu? Então nós chamamos eles pra ver uma lavoura, ver uma doença, porque eles têm o livro, nós não temos o livro, entendeu?, eles estudam o livro, então eu chego, quando eu vou lá na lavoura minha, vou lá na minha lavoura e vejo que tem uma doença, então eu ligo ali embaixo e ele sobe aqui, nós vamos lá para ver que doença que é, porque a gente sabe que é uma doença que prejudica a lavoura, mas você não tem o livro para comprar. Então daí eles vêm, nós já vamos campear o veneno logo, pra matar aquela doença." (Dito, Pirituba 1)

A desvalorização de outros saberes que não o moderno técnico-científico está embutida nos conteúdos dos cursos ministrados nas universidades e nega a existência de outras formas de conhecimento por serem consideradas arcaicas.

"Há muitas formas de conhecimento, tantas quantas as práticas sociais que as geram e as sustentam. A ciência moderna é sustentada por uma prática de divisão técnica profissional e social do trabalho e pelo desenvolvimento tecnológico infinito das forças produtivas de que o capitalismo é hoje único exemplar. Práticas sociais alternativas gerarão formas de conhecimento alternativas. Não reconhecer estas formas de conhecimento implica deslegitimar as práticas sociais que as sustentam e, nesse sentido, promover a exclusão social dos que as promovam." (SANTOS, 1996:328)

A sobreposição e a hierarquização do conhecimento são temas discutidos por Ribeiro (1997), em especial no tocante à relação técnico/produtor do setor rural brasileiro. O autor sugere que o profissional das ciências agrárias não importe simplesmente o modelo tecnológico vigente na agricultura para o seu trabalho com o pequeno produtor rural. Isso porque esse modelo desenvolvimentista não garante uma melhoria de condição social para esse trabalhador do campo.

O mais grave é que essa postura acabou gerando uma "normalização das individualidades" orientada por uma forte racionalidade científica e tecnológica. Essa "normalização" une-se à importação do modelo produtivo agrícola de países "avançados" que não se adéqüa ao nosso, pois nada têm em comum com nossa realidade econômica, social e ecológica.

"Não se trata, aqui, de assumir uma posição contrária ao avanço da moderna tecnologia ou de postular um retorno a formas mais arcaicas de produção, mas de reafirmar a necessidade de propor um perfil para estes profissionais que comporte a formação de um senso crítico capaz de observar a adequação das diferentes soluções técnicas aos modos de vida das populações envolvidas." (RIBEIRO, 1997:126)

Nos assentamentos de Pirituba, segundo relato do agrônomo do ITESP, muitos assentados têm refletido sobre voltar ou passar a utilizar modos alternativos de plantio pelo fato de os insumos químicos representarem uma porcentagem alta dos gastos com a agricultura, mas não pela preservação ambiental ou da sua própria saúde.

O novo paradigma epistemológico e também social proposto por Boaventura (1996) busca alternativas que não foram adotadas e o porquê disso. Nesse sentido, ele considera o saber existente nas "experiências subalternas" e nas tradições suprimidas" sem ter, no entanto, qualquer objetivo "museológico", ou seja, de ficar exposto para ser contemplado e valorizado somente como parte de um tempo passado.

Acontece que o conhecimento científico tal como vem se apresentando não é a única forma de conhecimento válida. É necessário que a produção do conhecimento faça sentido para quem o produz, por isso há tantas formas de conhecer quanto as práticas sociais que as produzem. Devemos sair do modelo de divisão do trabalho tecnicista proposto pela ciência moderna e considerar que práticas sociais alternativas geram conhecimentos alternativos; não levar isso em conta resulta na exclusão daqueles que atuam no ambiente dessas práticas alternativas.

Boaventura (1996) cita um exemplo de contemporaneidade de saberes, apesar da opressão e não da superioridade de um pelo outro, que vai do encontro do tema aqui tratado. Ele afirma que o conhecimento dos camponeses portugueses não é menos desenvolvido que o dos engenheiros agrônomos do Ministério da Agricultura, mas contemporâneo, ainda que subordinado.

Infelizmente, nas universidades, o profissional agrícola é bombardeado a todo momento com a idéia de produção agrícola voltada para a produção capitalista, o que dissemina um padrão de conduta profissional orientado pelo modelo desenvolvimentista e pela razão técnico-científica nos quais não são levados em conta os sistemas produtivos encontrados reforçando, assim, velhas formas de exclusão social. Além disso, incentivando o uso de técnicas de plantio e insumos químicos que visam à alta produtividade, mas que não visam à preservação ambiental e a saúde humana.

No que tange à preservação ambiental, a capacidade tecnológica do homem tem se traduzido em destruição da complexidade biológica e do patrimônio genético. Mediante essa destruição criou-se um sistema artificial que produz a vulnerabilidade da natureza e conseqüentemente das espécies biológicas e a redução da adaptação às mudanças.

Segundo Tiezzi, (1988), as modificações ocasionadas na natureza pela capacidade destrutiva da tecnologia utilizada por nós engendrou uma série de vulnerabilidades.

V. A experiência de trabalho na terra como fator de influência
nas práticas de cultivo e de preservação ambiental

"Vulnerabilidade da agricultura: Laura Conti, referindo-se a Valtellina, lembra que, há poucos anos, a destruição dos insetos polinizadores contribuiu para a perda de 90% das colheitas. Em Israel, o uso de inseticidas para exterminar os gafanhotos, que danificavam as colheitas, levou à destruição dos rapinantes e a uma conseqüente invasão de ratos, com prejuízos muito maiores para as safras. As florestas, os rios, os desertos que ocuparam o lugar de terras férteis, os lagos mortos têm inscritas em si muitas histórias de 'primaveras silenciosas' e de 'ciclos ecológicos interrompidos'. Na África ocidental, as monoculturas (todas de produtos de exportação) criam de 10 a 50 quilômetros quadrados a mais de desertos por ano. Nos Estados Unidos, a concentração agrícola fez a desertificação crescer 200.000 hectares por ano." (TIEZZI, 1988:38)

Há que se discutir o saber das chamadas comunidades tradicionais em relação às técnicas de cultivo utilizadas e a exploração dos recursos naturais. Embora não se esteja referindo às áreas de preservação ambiental, as políticas públicas – no caso dos assentamentos, a assistência técnica agronômica – não devem desconsiderar a existência desse saber que se apoia em racionalidades, valores éticos e místicos que influenciam o modo de exploração da terra e muitas vezes a preservam.

"Trata-se de valorizar a identidade, os conhecimentos, as práticas e os direitos de cidadania destas populações, valorizando seu padrão de uso dos recursos naturais. Isso não significa ressuscitar o mito do 'bom selvagem' ou do 'ecologismo nato' das populações tradicionais. Tanto quanto nós, as comunidades tradicionais estão sujeitas às dinâmicas sociais e a mudança cultural. Nem todos são 'conservacionistas natos', porém há entre eles um grande conhecimento empírico do mundo em que vivem e das particularidades do ecossistema regional." (ARRUDA, 1997:63)

Em que medida os assentados ainda mantêm um conhecimento estreito do ambiente natural que os cercam, tanto em relação à plantação como em relação aos animais?

Para alguns deles, a relação com o meio ambiente natural/rural e com a criação é de extremo conhecimento porque bastante próxima. Para o morador do campo não há a distância dos animais que há para o morador da cidade. Essa proximidade com os animais chega a causar má impressão para os que, vivendo na cidade, tomaram para si a idéia de ser esse convívio pouco higiênico.[7]

Quando um dos assentados de Pirituba mostrou sua criação de porcos comentou: "vida para mim é isso aqui. Muitas vezes ficar de noite em baixo de chuva ajudando os bichos a dar cria. Você vê que desde que eu estou no assentamento este é o quarto estágio desses porcos" E começou a mostrar: "aquela é mãe daquela que é mãe daquela..." Cada um dos filhos deste assentado é dono de um filhote desde que ele nasce. Essa é uma forma de despertar um cuidado por parte das crianças com as criações.

Na casa desse mesmo assentado, nota-se como a relação dele e da família com as criações é de um vínculo muito estreito. A casa também é dos bichos; por lá circulavam cachorros, gatos e galinhas.

"Na história conjectural que foi tornando mais e mais popular devido ao Iluminismo europeu do século XVIII, fez-se da vitória do homem sobre outras espécies o tema central. A verdadeira origem da sociedade humana, dizia-se estava na associação dos homens para se defenderem das feras. Depois vieram a caça e a domesticação." (THOMAS, 1996:34)

Segundo Thomas, no início da era moderna, na Inglaterra, por todo lugar que se olhava via-se latente ou explicitamente uma necessidade de delimitação entre o que seria ser – superiormente - humano e o que seria ser –inferiormente - bestial. Foi durante esse período que os agricultores começaram a pôr os animais para fora de suas casas.

7.Os conceitos de sujo e limpo para o morador urbano e para o morador do campo são bastante diferentes, como o são nas várias culturas. Em uma das visitas ao assentamento comentei sobre a "sujeira" do meu carro. Era uma época bastante seca e, portanto, ele estava empoeirado. No mesmo momento pensei: "Acho que dei um fora. Desde quando o pó que vem da terra é sujeira para esse senhor?"

V. A experiência de trabalho na terra como fator de influência
nas práticas de cultivo e de preservação ambiental

"Os sentimentos para com os animais, dizem os antropólogos, em geral são projeção de atitudes diante do homem. E assim utiliza-se tudo o que é do mundo animal para definir aqueles homens que são inferiores: bêbado como uma cabra (Mas quem jamais viu uma cabra bêbada?)" (THOMAS, 1996:34); e as denominações continuam e são várias: – burro: aquele pouco dotado de inteligência; – porco: aquele que é sujo, que não tem higiene; – cachorro: aquele de pouco caráter; – cavalo: aquele que é grosseiro; e assim por diante. Dessa forma, o homem passa a caracterizar, tudo aquilo que teme em si mesmo, como pertencente à natureza.

"Foi enquanto um comentário implícito sobre a natureza humana que se delineou o conceito de 'animalidade'. Como observaria S.T. Coleridge, chamar os vícios humanos de 'bestiais' era difamar os seres brutos." (THOMAS, 1996:34)

A partir da domesticação de animais temos o início da intervenção humana enquanto técnica e controle indispensáveis. Junto a isso uma noção de superioridade e autoridade dos homens diante dos ciclos naturais e diante dos próprios homens. Sociedades como as da Polinésia, onde pratica-se a horticultura e cultivo de gêneros que requerem menor intervenção humana desenvolvem a visão de que a natureza tem seu próprio curso, assim como os homens devem ter os seus. Por isso, são sociedades menos autoritárias e hierárquicas.

"A domesticação tornou-se, assim, padrão arquetípico para outras formas de subordinação social. O modelo básico era paternal, com o governante como bom pastor, tal como o bispo com seu rebanho. Animais dóceis e fiéis obedecendo a um senhor atencioso constituíam um exemplo para todos os subalternos." (THOMAS, 1996:55)

A proximidade dos assentados com o mundo natural e, por conseqüência, com os animais resgata o respeito por esses seres. Da mesma forma que suas vidas passam a ser mais valorizadas, a dos bichos, também.

Em linhas gerais, pelas entrevistas realizadas, tanto os assentados de Vergel quanto os de Pirituba 1 têm recordações de quando começaram a trabalhar na lavoura como sendo um tempo em que a terra era mais saudável e não dependia tanto de produtos químicos. Conseqüentemente, recordam-se de técnicas alternativas às utilizadas hoje, mas com grande resistência essa lembrança vem à tona.

Alguns citaram também a diferença da qualidade da terra de um Estado para outro e ainda a mudança climática foi uma lembrança comum; segundo os assentados, o clima atualmente é mais instável.

A TERRA DE ANTES E A TERRA DE HOJE
HORTO DE VERGEL

Domercindo

Sr. Domercindo: "Ah, dava. A terra de primeiro dava mais do que hoje, porque você vê, de primeiro não precisava de adubo, não precisava de adubo até, não precisava de veneno. Lá em Minas eu, até a idade de 20 anos, eu não mexia com veneno, eu não conhecia veneno. No Paraná que eu comecei a mexer com veneno, veneno, adubo. Mas lá em Minas até com 20 anos eu não conhecia veneno nem mexia com adubo, nada. E dava. Você plantava... lá no Paraná eu plantava um litro de feijão era um saco de feijão. Sem adubo sem nada. Agora lá tem que plantar com adubo. Passar veneno, calcário, senão não dá nada mais que preste. Igual aqui, aqui também, de primeiro aqui dava uma lavoura boa, mas hoje se não for no adubo e no veneno, não vai."

Serafim

Serafim: "Lá em Minas eu plantei uma época sabe o quê? Eu plantei foi três alqueires de feijão, no braço, na enxada, nós carpindo a terra lá, porque primeiro lá quando o mato é meio... nós roçamos e... nós roçamos e depois passa a enxada e planta, não põe nada. Nem veneno nem nada. E dá muita coisa. Mas para cá a terra não é assim, é uma terra de outro tipo, a terra tem que ter a técnica do calcário, essas coisas aí..."

José Vicente

Sr. José Vicente: É, em 75 começou no Paraná já começou a ter negócio de adubo, de máquina, veneno, essas coisas, eu me lembro bem. Então, isso aí é uma coisa que eu me lembro bem, porque eu sou, como se diz, da roça desde os... nasci... Conheço a lavoura desde pequenininho, desde os 10 anos. Então, hoje está havendo uma grande diferença, uma grande diferença. Mesmo que seja por Estado tem diferença até de Estado. Tem diferença até do Estado.

Simone Barbanti: É?

Sr. José Vicente: É. O Norte de Minas, quando eu vim do Norte, quando eu vim do Norte, não, até quando eu fui lá em 80, é, até quando eu fui lá em 80, a maior parte do pessoal não plantava com veneno, porque não precisava, em Minas. Agora, já no Paraná, eu me lembro que em 75, em 75 que eu comecei a mexer com lavoura, eu mesmo a mexer em lavoura, a gente já usava veneno.

Simone Barbanti: Mas por quê? O senhor acha que a terra em certos Estados é melhor do que em outros ou porque teve um desgaste?

Sr. José Vicente: Eu acho que é porque teve um desgaste, porque Minas, o Norte de Minas é o seguinte, lá não tem terreno plano, não tem muita lavoura, igual seja Paraná e São Paulo. Então a desmatação, o maquinário, a desmatação traz muito... muito... como é que fala?, muita praga na terra. Então sendo aqui às vezes, que é no meio dos eucaliptos, as roças que tem aqui, adubo precisa porque é uma terra fraca, mas você pode ver, você roça, se fosse fazer uma roça numa mata nativa, para você roçar e plantar lá no meio da mata, não existe praga. Onde você queima o mato e planta não existe a praga, quase.

Simone Barbanti: Por quê?

Sr. José Vicente: Não sei, a praga vem, assim, na área mais limpa. Igual no Paraná, em 75 a gente não usava passar veneno no feijão, a gente colhia trigo sem veneno, colhia soja sem veneno no meio do café. Deu a geada de 75, aí o café foi tudo arrancado, tudo arrancado, aí naquele ano mesmo já plantou soja, aí tinha uma praga do percevejo, aí tinha que cair matando no veneno. Então...

Simone Barbanti: O senhor acha que foi porque desmatou ou porque deixou de plantar perto do café?

Sr. José Vicente: Eu acho que foi mais... não, pode ser o clima que mudou muito também. Porque mudou muito, inclusive a lavoura de rami, a lavoura de rami não produz lá no Paraná igual produzia. Até 85... até 90 produziu muito rami lá. Agora pode ir lá, só produz o rami irrigado."

AS TÉCNICAS DE ANTES E AS ATUAIS
HORTO DE VERGEL

Domercindo

Sr. Domercindo: "Não, dá. Por exemplo, se for bastante terra, tem uma coisa que serve para adubar a terra: mamona, você plantar mamona, a mamona também aduba a terra. Ela, depois que ela começa a dar, a cada oito dias você já tem as carreiras... ela aduba a terra também. Só que aqui não tem comércio. Por enquanto não tem comércio ainda. Agora, no Paraná a turma planta mamona. São alqueires e mais alqueires só de mamona. A cada dois anos tira uma carreira de mamona daqui, planta outra aqui no meio. Nesse meio aqui você planta feijão, milho, ó (mostra com os braços) a grossura dos pés de milho, por causa do adubo da mamona.

(...)

É que nem outra coisa: (...) O óleo de eucalipto é o pior veneno para matar formiga.

Simone Barbanti: O óleo de eucalipto mata formiga?

Sr. Domercindo: Mata. Você põe no formigueiro não fica uma. Óleo de eucalipto."

Serafim

Simone Barbanti: Mas tem jeito de deixar a terra, de deixar a terra... assim, que não seja usando veneno e nem adubo, e não sei o quê, tem jeito que não seja usando adubo, de deixar a terra mais rica, ou de não enfraquecer a terra?

Sr. Serafim: Eu acho que o esterco do gado faz a terra melhorar, não quero dizer que o calcário não seja... a gente não trabalhou com esses negócios, nesses lugares que eu trabalhava nós não usávamos essas coisas aí, nós usávamos o esterco do gado. Aí usava o esterco do gado, a gente punha na terra lá e passava o trator pra lá e pra cá, muitos anos, produzindo sem ficar todo ano fazendo aquilo. Então nós usávamos na terra a base do esterco do gado. E também tem o negócio da minhoca, que nós mexíamos. Que é a minhoca que a gente cuida, ali nós pegamos o esterco do gado e coloca para poder absorver. Aquele esterco ali... quer dizer que eu acho que é o melhor adubo que tem no mundo. Porque você vê, não precisa de nada dessas coisas, a pessoa cava lá aquela terra e coloca o adubo lá na terra e pronto. Agora essas coisas desses trens aí, aqui a terra é muito... e cada vez a terra enfraquece, não sei o que que é. Acho que é por causa da técnica.

Simone Barbanti: E a minhoca? A minhoca que o senhor falou que usava lá como é que é a minhoca?

Sr. Serafim: A minhoca é assim, você colocava ela lá, aí ela absorvia o esterco do gado.

Simone Barbanti: Junto com o esterco do gado colocava a minhoca?

Sr. Serafim: É, a gente pega a bosta do gado lá, quando você quer plantar uma lavoura que... assim, que quer que aquela lavoura sai mesmo. Aí a gente pega o esterco que a vaca caga lá, sem a urina, que a urina tem soda. Pega aquilo lá e rapa separado e coloca lá. Aí vai secando aquele tanto, vai secando, a minhoca vai comendo, cortando ela lá, aí depois passa na peneira, peneira aquele esterco, aí depois põe na planta, não tem nada melhor que isso aí. Quer dizer que essas coisas aí eu mexi, são coisas que... a terra fica... volta novamente..."

José Vicente

Sr. José Vicente: "O respeito na terra eu digo assim, é igual eu quero fazer, eu tenho vontade de fazer no pedaço de meu lote. No que diz respeito à terra, eu acho que é assim, às vezes a gente é obrigado a fazer, mas eu acho que existe o desrespeito na terra para o plantio. Se a gente roça o mato e não põe uma máquina de esteira pra destocar, a terra produz mais. No momento agora, no momento. Se você derrubar um eucalipto desse e levar tudo na enxada, a terra produz mais do que depois que destoca ela, que vira ela, você pode passar até calcário, jogar até com adubo, e tratamento, que ela não produz igual se for em cima da terra assim pura. Porque ela tem um tanto assim de terra que é fértil, tem adubo, tem qualquer coisa ali, e aquilo ajuda muito.

Simone Barbanti: E a máquina faz o quê?

Sr. José Vicente: E a máquina revira a terra, sabe?, aquela parte de baixo, ela joga para cima.

Simone Barbanti: E a parte de baixo não é tão boa quanto a parte de cima?

Sr. José Vicente: Não é, ela tem que passar vários tempos misturando para ela... aí você vai ter que fazer um adubo orgânico na terra, plantar... o milho que você plantar, não queimar a palha, o feijão que você plantar, você sempre espalhar a palha, o arroz, você juntar tudo o que é orgânico e deixar em cima da terra. Às vezes até plantar mamona e quando estiver bonita você meter a roçadeira e deixar tudo ali para adubar a terra.

Simone Barbanti: Mamona?

Sr. José Vicente: É.

Simone Barbanti: Isso é coisa que o senhor já sabe de antes, que o senhor já aprendeu com a sua experiência, assim, ou é coisa que é orientação do agrônomo?

Sr. José Vicente: Não, isso é coisa que a gente aprendeu de novo, sabe? Isso aí... eu trabalhei muito pouco com agrônomo, sabe? Eu trabalhei agora 92, 93. A gente tem experiência com várias lavouras, inclusive o rami é uma lavoura muito produtiva mas tem que ter bastante adubo orgânico, se não ele não produz tanto.

Simone Barbanti: E para adubar, o adubo orgânico pode ser tipo a mamona, que depois corta ela e deixa ela lá como pode ser plantar e depois não queimar, deixa o resto lá. Colhe e depois deixa o resto lá?

Sr. José Vicente: Não queimar, pode ser. As palhas, deixa tudo ali, não queima, sabe? Qualquer tipo de folha que você deixar no meio da terra se torna um adubo orgânico. Qualquer tipo de folha. Desde que ela apodreça, é orgânico, e é bom até. Esse adubo químico que a gente compra, ele faz efeito aquela vezinha só, tanto tempo só. O orgânico não, ele fica ali, parado na terra.

Simone Barbanti: Ele fortalece a terra?

Sr. José Vicente: Ele fortalece a terra. Então é um negócio muito assim, é fácil de a pessoa entender, igual você está perguntando, na parte da terra desrespeito à terra é você arrancar, você destocar ela com máquina, igual essas máquinas pesadas que tem aí, é terrível. Isso faz uma valeta de mais de dois metros no chão adentro, buscando a raiz. Às vezes ela leva uma coisa que você precisava assim ver, você está fazendo um trabalho sobre uma parte sobre terra, não é? Se você visse uma hora uma máquina destocando, você realmente vê como é que a terra fica, a gente pode mostrar mais ou menos, essa terra é assim, depois de virada ela é assim e tal..."

Praxedes

Sr. Praxedes: "Nós estamos... nós montamos uma destilaria de óleo de eucalipto, um minidestilaria. Então, uma coisa que eu penso muito em fazer é um tipo de orgânico com essa folha, pra... pra devolver, por exemplo, você tira da natureza essa folha de eucalipto, e depois você vai e devolve pra própria natureza, a folha como... como húmus, como orgânico. Por exemplo, você tira a folha, e depois você vai fazer um processo, produz um orgânico e vai devolver pra própria natureza.

Simone Barbanti: Que funciona como adubo...

Sr. Praxedes: E não precisa agrotóxico, não precisa nada... É assim, eu penso em fazer isso.

Simone Barbanti: Ah, é? Então dispensaria o uso?

Sr. Praxedes: Isto. Porque, segundo a pesquisa por aí, informações, é um dos melhores orgânicos que tem é a folha de eucalipto, depois de expelido o óleo, com o óleo não, com o óleo, você coloca lá na terra, ela demora pra florescer, ela emperra as plantações, não sai muito...entendeu?, é um caso sério. Mas depois que você expeliu o óleo, ela passa a ser...”

Pirituba 1 é um assentamento mais antigo do que Vergel e pelo fato de os assentados não terem ocupações senão as ligadas à terra isso trouxe como conseqüência um acompanhamento mais estreito da transformação da agricultura em termos de mecanização e utilização de produtos químicos. Os assentados de Pirituba, em sua maioria, avaliam essas transformações como indispensáveis e positivas, principalmente porque há menos desgaste físico.

AS TÉCNICAS DE ANTES E AS ATUAIS
PIRITUBA 1

Antônio

Sr Antônio: “Acontece o seguinte: eu acho que antigamente dava mais. Ninguém pensava em máquina. Era tudo manual, ninguém pensava em veneno, não existia. Tudo que eu ia fazer eu mesmo tinha que fazer, mas hoje, depois da tecnologia de hoje, mudou tudo. Hoje nem que você queira falar: ‘eu vou fazer’, você não faz, não adianta. Você tem que ter a máquina, a máquina leva uma parte...

Simone Barbanti: O sr diz leva uma parte do ganho?

Sr Antônio: Claro que leva, só que é o seguinte: a tecnologia mudou e eu até acho que sete (hectares) é pouco, com máquina dava pra ser mais. Com máquina eu acho que dava pra ser uns 15. Eu, no meu entender é o seguinte, eu acho que melhorou. Eu fico com o hoje.

Simone Barbanti: Em termos dessa implementação de uso de maquinário...

Sr Antônio: Exatamente. Eu acho que até pra saúde, a gente trabalhava antigamente, prejudicava muito a saúde.

Simone Barbanti: Como assim?

Sr Antônio: Tipo assim, o que você faz hoje com a máquina em um dia, você levava 15 dias pra fazer e nesses 15 estava chovendo estava não sei o quê, você tinha que estar ali pra fazer pra plantar na hora certa. É diferente de estar com o trator, vem uma chuvona lá, eu vou embora pra casa. Que nem hoje geou, eu não vou hoje trabalhar lá porque amanhã eu vou com o trator, depois de amanhã eu sei que está pronto. Antigamente não, todo dia, geava, chovia, você tinha que estar lá pra plantar na hora certa.

Simone Barbanti: E a produção, o senhor acha que melhorou, ou está a mesma coisa. Produz mais?

Sr Antônio: Produz mais.

Simone Barbanti: E em termos da qualidade do alimento?

Sr Antônio: Eu acho que em termos da qualidade do alimento, eu acho que antigamente era melhor. Antigamente não tinha nada de intoxicação, essas coisas, hoje em dia não adianta. Hoje o cara que produz bastante, se ele falar que não usa, é mentira dele, ele usa mesmo.

Simone Barbanti: O senhor acha que tem outro jeito? Tem coisa alternativa, por exemplo, pensando em agrotóxicos?

Sr Antônio: Tem, eu acho que tem, só que daí você não pode viver de feijão, milho, essas coisas, porque é campo grande e campo grande você tem que usar. Pra você não usar isso, você tem que usar um meio alqueire, você tem que mexer com verduras, essas coisas. Tudo bem aí eu concordo, assim mesmo não são todas as verduras que aceitam você trabalhar sem agrotóxicos. Tem uns que você tem que ter não adianta, agora tem outros que você não precisa pôr.

(...)

Simone Barbanti: Por que a quantidade significa que tem que usar?

Sr Antônio: Porque você tem que fazer tudo manual, tipo assim você vai lá, tem um mato lá na lavoura, você tem que carpir na mão.

Simone Barbanti: E pensando em bicho que ataca a plantação, porque que sendo maior tem mais problema e daí tem que usar?

Sr Antônio: Aí que está o negócio, porque você já começa desde o adubo, é químico, se é pouquinho você faz com esterco, esterco de gado, de galinha. Bichinho também eu acho que tem até jeito de controlar, tem umas fórmula aí que eles fazem pra gente mistura pra passar na lavoura, tipo hoje fala pra bichinho urina de vaca, você deixa ela fermentar, passa na lavoura e ela combate os bichinhos.

Simone Barbanti: Mas isso pra lavoura grande também?

Sr Antônio: Pode ser pra grande.

Simone Barbanti: Mas já foi usada aqui alguma vez?

Sr Antônio: Não, estão começando a usar agora.

Simone Barbanti: E a experiência deu certo?

Sr Antônio: Não sei porque eu não usei, usaram aí, mas eu não sei se deu certo, eu estou pra usar. Porque nessa parte aí, nós temos muita coisa..."

Delwek Matheus

Simone Barbanti: E, em termos desse uso mesmo desses químicos...

Sr. Delwek: Exatamente, exatamente, quer dizer, você produzia lá, um exemplo, assim, você produzia 20 sacas de feijão por hectare, mas você tinha uma renda, porque você utilizava mão-de-obra para produzir aquilo. Hoje você produz mais, vamos supor, 30 sacas de feijão por hectare, mas a sua renda é bem menor, porque o custo de produção [...]

Sr. Delwek: [...] eu não tenho dúvidas de que, numa área menor, você produz mais quantidade.

Simone Barbanti: Essa pergunta eu fiz até, assim, pensando na questão da saúde da terra. Você acha que ela era mais saudável?

Sr. Delwek: Então, mas são coisas com as quais não se preocupa mais. Era mais saudável. Era mais saudável para as pessoas que trabalhavam, era mais saudável para a terra, e era também para o alimento. Quer dizer, se produziam alimentos de mais qualidade, mais puros de qualidade. Então é isso que nós estamos perdendo. Quer dizer, esse modelo tecnológico joga tudo isso por água abaixo. Joga a família água abaixo, joga a esperança das pessoas que vivem no campo, joga a terra, não se preocupa com a terra, com o meio ambiente, não se preocupa com a qualidade do alimento, quer dizer, o modelo agrícola não se preocupa com a vida, não tem preocupação com a vida, tem preocupação exatamente em ganhar dinheiro.

Simone Barbanti: E você acha que, isso era até uma coisa que eu ia te perguntar, você acha que tem muita crítica mesmo a ser feita a esse modelo que foi imposto mais intensamente na década de 1980, a chamada "Revolução Verde", a entrada de maquinário, insumo químico...?

Sr. Delwek: Exatamente.

Simone Barbanti: Você acha que dava para ter fugido disso? Apesar das muitas críticas que são feitas, e que têm que ser feitas, você acha que daria pra fugir disso, absolutamente ou não, o que você acha dessa entrada?

Sr. Delwek: Eu acho que daria e dá. Quer dizer, no nosso projeto de reforma agrária, que nós defendemos, eu acho que teria que ser defendido um outro modelo agrícola. Nós achamos que dá para no Brasil, principalmente, ter um modelo de agricultura em que você se preocupa com o meio ambiente, se preocupa com a saúde, se preocupa com a qualidade do produto, que você utilize mais a mão-de-obra, que você utilize melhor a terra. Quer dizer, nós precisamos de uma tecnologia voltada para a nossa realidade. Essa tecnologia utilizada no Brasil não é uma tecnologia para o Brasil. Um país que tem abundância de terra, tem muita mão-de-obra, tem um clima bom. Quer dizer, nós não precisávamos usar esse monte de química que a gente usa. A nossa terra produz sem isso. É uma questão, é uma definição política isso aí. Se a gente definir que não vai usar isso aí, se politicamente, governo, Estado, definir que não vai usar isso daí e vai produzir a mesma qualidade de alimentos, produz. Não tenha dúvida disso. Produz a mesma qualidade de alimentos sem utilizar essa quantidade de agroquímicos que utiliza hoje. Esse modelo é simplesmente para atender ao interesse das multinacionais. É para vender máquina, vender adubo, vender agrotóxicos, quer dizer, não tem interesse na qualidade do alimento, nem na produção do alimento, muito menos na questão do trabalho, da mão-de-obra, do emprego para as famílias, na sobrevivência das famílias."

(Quando questionado sobre como o MST pensa em conduzir de forma diferenciada o modelo de produção agrícola que hoje se apresenta.)

Sr. Delwek: "Eu sei, são perguntas mais diretas: "Se vocês são contra, por que é que vocês usam?", mas na verdade é um processo. Porque você também não pode mudar da água para o vinho. Por exemplo, lá na Pirituba é uma das fazendas e, que a gente mais usa o sistema atual aí, o modelo tecnológico adotado aí. Mas é um processo. Por exemplo, nós começamos plantando milho e feijão. Hoje já se cria abelha, hoje já tem produção de leite, produção de frutas. Então é um processo que vai mudando...

Simone Barbanti: E é uma conscientização também, não é?

Sr. Delwek: É uma conscientização. Agora, só vai mudar mesmo, só quando mudar a estrutura como um todo. Mudar a... ter reforma agrária, mudar o modelo agrícola como um todo, mudar a concepção nacional, a concepção da estrutura agrícola do país. E isso é um processo de luta que a gente vai ter que fazer. É por isso que o Movimento dos Sem Terra vai crescendo, quer dizer, porque muitas vezes as pessoas perguntam: "Mas o MST não é um movimento para conquistar a terra? Por que vocês continuam no Movimento dos Sem Terra?". Exatamente porque é um processo de luta, de construção. Os assentamentos são experiências que a gente vai desenvolvendo, uns melhores, outros menos, mas enfim, experiências que a gente vai construindo. E tem muitas experiências, quer dizer, aí entra a própria questão da forma de produzir, do modelo tecnológico de produzir, entra a questão da moradia, morar em agrovila, a questão da educação, da saúde, é uma construção social."

Delwek é liderança nacional do MST e, por isso, nota-se que sua análise do modelo agrícola atual é marcada pelo aspecto político da questão agrícola e agrária. Seu discurso sobre a preservação ambiental insiste em que essa questão não se encerra em si mesma, mas se insere em um contexto de interesses políticos.

Ocorre, e essa é uma conclusão que o agrônomo do assentamento ajudou a chegar, que os insumos químicos e a manutenção de maquinário são muito caros e representam 60% do custo da produção.

"Nós usávamos essas coisas, usamos um tempão grande, foi no tempo da associação, a associação comprava adubaiada, era tudo misturado (os assentados), maquinaiada que o banco levou tudo. Começou dívida, dívida e o banco levou tudo e nós ficamos sem nada." (Zé Piaiano, Pirituba)

Um dos assentados entrevistados, em Pirituba, foi escolhido justamente porque faz tudo manualmente, planta e colhe, e não utiliza produtos químicos, nem mesmo adubo, dizendo que o feijão dele dá e até é mais bonito. Entretanto, quando questionado de o porquê não utilizar veneno a primeira resposta foi: "Porque é muito caro" e o dinheiro que gastaria com o veneno põe na manutenção da casa. Depois, em segundo plano, disse que "no final da história" a lavoura dá do mesmo jeito e lembrou da questão da qualidade do produto.

"O milho, se você deixa o milho ficar desse tamanho assim e o mato está junto passa um veneno forte, mata o mato, mas mato o milho também. Então aquele milho cresce "emperreado" e aquele milho que eu estou zelando, jogando uma terrinha (quando o mato ainda está baixo) ele cresce, e cresce com força do jeito que sai vai porque não tem veneno." (Zé Froes, Pirituba) Ele, inclusive, conta que quando vai gente passear no assentamento e que não quer consumir alimentos com agrotóxicos vai comprar dele.

Esse assentado relatou também que usando adubo e veneno a produção é maior, porém vai tudo em pagamento de financiamento e que agora colhe menos, dá apenas para a manutenção da casa, mas que pelo menos não tem dívidas.

Pode-se observar que, apesar de ter 16 anos de existência, Pirituba ainda tem muitas pessoas em situação financeira precária.

V. A experiência de trabalho na terra como fator de influência
nas práticas de cultivo e de preservação ambiental

Um outro assentado entrevistado justamente por retratar uma situação de endividamento bancário e que por isso agora não tem como pedir novos financiamentos, alegou que não me convidava a entrar em sua casa porque tinha vergonha. Só agora está construindo uma casa mais estruturada, mesmo assim de madeira, por ser mais barata.

Em uma das conversas com o agrônomo do ITESP responsável pelo assentamento Pirituba, ele relata que, desde o tempo da faculdade, tem interesse e está pesquisando a história da agricultura e as técnicas de cultivo para orientar os assentados a desenvolver uma agricultura ecológica.

Hoje ele tenta retomar esse caminho que se perdeu quando deixou a faculdade pois, segundo ele, quando você se insere no mercado de trabalho "acaba pegando o que está mais à mão". Com esse resgate de seus estudos ele conclui que para o pequeno produtor uma saída viável seria uma agricultura que não a praticada no sistema coletivo que imita a produção em grande escala.

Um exemplo: você pode usar o maquinário para dez famílias o que soma 70 alqueires, mas você tem que vender o saco a R$ 30,00 para cobrir o custo da produção e para dividir o lucro em dez famílias.

Tipo de Cultivo	Custo por alqueire	Custo por saca de 60 quilos (produção 500 sacas)
Motomecanizado	Cr$ 859.550,00	Cr$ 1.617,00
Tração Animal	Cr$ 589.310,00	Cr$ 1.179,00

Sendo que um grande proprietário, ou seja, dono sozinho de 70 alqueires pode vender o saco a R$ 28,00, pois o lucro é apenas para ele. Sendo assim, o assentado fica em desvantagem para concorrer.

"Exemplos de custos de cultivo mecânico superiores aos de cultivo manual encontram-se no trabalho divulgado pelo engenheiro agrônomo Oscar J. Thomazini Ettori (1963:16), com base em estudos realizados na lavoura da batata, em diversas zonas do Estado de São Paulo, no ano de 1963. Eis alguns confrontos:

Noutras culturas, porém, como a da cana-de-açúcar, os resultados das observações dos técnicos demonstram a inegável vantagem dos trabalhos mecanizados, particularmente nas operações de capina em propriedades que detêm grandes áreas cultivadas, nas quais *um mesmo agricultor pode, com o auxílio da motomecanização ou da mecanização à tração animal, obter sensível redução de custos,* em relação ao cultivo exclusivamente por força humana. Na região de Piracicaba, em São Paulo, registraram-se as seguintes diferenças nos custos por hectares (LEME, 1962:216 apud GUIMARÃES, 1977:190-191) (grifos meus)

Tipo de cultivo	Tempo de trabalho	Custo da capina
Enxada	62 horas 44 minutos	Cr$ 730,22
Cultivador planet	7 horas	Cr$ 131,60
Trator caneiro	49 minutos	Cr$ 166,66

Ainda segundo Guimarães, a tabela acima demonstra que uma grande área cultivada de forma mecanizada por um único agricultor pode reduzir sensivelmente os seus custos e, conseqüentemente, elevar o seu lucro. Entretanto, isso não ocorre com o assentado que possui 7 hectares para produzir e, mesmo quando se une aos outros assentados num espaço contínuo de terra para cultivar, pode se alcançar a redução de custos, mas não o aumento do lucro que deverá ser rateado por várias famílias.

A agricultura orgânica seria uma alternativa mais viável para o agricultor por ser uma produção diversificada e auto-sustentada, por isso mais econômica. O agrônomo de Pirituba citou um exemplo desse tipo de agricultura: a adubação verde no caso da mucuna plantada com o milho. A mucuna, por ter a raiz na forma de pivô, ao contrário do milho que a tem em forma de cabeleira capta e fixa o nitrogênio do ar, o que vai fortalecer o milho. Além disso, a mucuna serve de alimento para animais.

Diante da reprodução das práticas agrícolas convencionais inseridas na mecanização e uso de insumos químicos, a grande conclusão a que chegou o agrônomo foi que "os assentados entraram na mesma lógica da agricultura que os excluiu da terra."

O assentamento de Vergel por ser mais recente e ter assentados com vivência nas cidades – onde a discussão sobre a preservação ambiental é mais veiculada – apresenta intenções de desenvolver tipos alternativos de produção para comercialização, como piscicultura, apicultura, extração de óleo e madeira de eucalipto e ainda algumas atividades visando ao lazer no assentamento, que é um lugar bastante aprazível.

Ao contrário, o assentamento Pirituba 1, apesar de ser mais antigo e apresentar 100% dos assentados tendo por ocupação anterior ao assentamento trabalhos ligados à terra demonstra, pelas entrevistas coletadas, não acreditar ou no máximo estar amadurecendo a idéia de que técnicas alternativas e plantio em pequena escala numa agricultura consorciada possa dar bons resultados ao pequeno produtor.

Essa conclusão foi mais um desses casos nos quais a hipótese original é contrariada pelo trabalho de pesquisa, pois pretendia-se verificar se os assentados com maior tempo de trabalho com a terra apresentariam um nível mais elevado de consciência para a necessidade da preservação ambiental. Sendo que essa preocupação em preservar estaria apoiada num saber tradicional e antigo de cultivo no qual o respeito pela natureza se fazia mais presente.

Verifica-se que esse saber tradicional está encoberto, diluído e desvalorizado pelos anos trabalhados em contato com a agricultura "moderna" na qual se utilizam os insumos químicos e o maquinário.

Trata-se mesmo de propor modos alternativos de plantio e de tratamento ambiental que são, em alguns casos, o resgate de um tipo de plantio praticado pelos avós desses assentados.

A possibilidade de se instituir um novo paradigma epistemológico e social em que haja a recuperação do saber tradicional do trabalhador rural com o poder transformador de melhoria de sua qualidade de vida poderia ser implementado junto a uma política de reforma agrária. Entretanto, essa reforma agrária não deve se limitar a uma reforma da distribuição de terras, mas também a uma reforma de valores daqueles que produzem e se utilizam do conhecimento científico.

No assentamento há a real possibilidade daquilo que se torna particular – a terra – ser amado. E, a partir desse amor que é de identificação e de extensão pessoal, ocorrer a preocupação com a preservação ambiental.

"Tal como o pretenso 'amor pela humanidade' levanta nossas suspeitas, também a topofilia soa falsa quando é manifestada por um extenso território. Parece que a topofilia necessita de um tamanho compacto, reduzido às necessidades biológicas do homem e às capacidades limitadas dos sentidos. Além disso, uma pessoa pode se identificar mais facilmente com uma área, se ela parece ser uma unidade natural. A afeição não pode se estender a todo um Império, porque freqüentemente, este é um conglomerado de partes heterogêneas, mantidas unidas pela força. Ao contrário, a região natal (pays) tem continuidade histórica e pode ser uma unidade fisiográfica (um vale, litoral, ou afloramento calcáreo) pequena o suficiente para ser conhecida pessoalmente." (TUAN, 1980:117)

Considerado o fator de afetividade pelo local como desencadeamento para a preocupação com a preservação ambiental, não se deixa de levar em conta a responsabilidade que cabe à formulação de políticas públicas para o campo.

A reforma agrária pode representar uma grande oportunidade de renovação de valores e práticas mais preservacionistas que vêm sendo discutidas atualmente. Por serem terras de concessão para uso público, esse seria um fator de facilidade na implantação de políticas públicas objetivando uma produção agrícola de qualidade tanto para o trabalhador rural e o consumidor final, quanto para os alimentos e o meio ambiente.

Considerações finais

No que se refere ao tema da exploração da terra e da preservação ambiental relacionado à maior ou menor experiência de trabalho na terra, a hipótese inicial não foi confirmada. Supunha-se que os agricultores que permaneceram na terra, caso do assentamento Pirituba 1, teriam uma bagagem de saber tradicional e preservacionista ligada ao contexto de vida no campo, anterior às modificações trazidas no bojo da "revolução verde", na década de 1960, marcada pela utilização de insumos químicos e pela intensificação do uso de maquinário.

O assentamento Horto de Vergel seria pesquisado como elemento comparativo pelo fato de que muitos assentados moraram e trabalharam na cidade antes de ir para aquele local.

Os dados de campo, porém, demonstram um resultado inverso e mais fiel à realidade. Isto porque os assentados de Pirituba 1 já começaram a trabalhar no campo no contexto da "revolução verde" e, até mesmo por serem, naquela época, empregados, não tinham vínculo "afetivo" com a terra.

Esses assentados explicitam também a necessidade indispensável e o ganho que representa plantarem com máquinas e utilizarem adubos químicos e defensivos agrícolas. Tal necessidade se expressa independentemente de terem ou não condição financeira para adquirir esses instrumentos. O ganho para os assentados se refere tanto à produção quanto ao menor desgaste físico. Mesmo para os que demonstram ter conhecimento do que representa o uso de agrotóxicos para a preservação ambiental, para a qualidade dos alimentos e para a saúde, conter ou diminuir o uso torna-se inviável, pois isso compromete a capacidade de concorrência no mercado.

No caso do Horto de Vergel, constata-se que os assentados, embora tenham vivido longe da vida e do trabalho na roça, voltam com um nível de conscientização ambiental acionado por uma recriação do "afeto pela terra".

Reforçando a tese de Brandão (1999), as entrevistas também mostram como o afeto pela terra se transforma, dependendo do nível de envolvimento que se tem com ela. Brandão afirma que esse envolvimento se define pelo possuir a terra em termos de ser um local que conte a história de vida do indivíduo e dos parentes que o antecederam.

"Pois se o trabalhador volante trabalha o valor-de-um-tempo (Seis horas? Oito horas? 12 horas? Dois dias de oito horas cada?) sobre um espaço qualquer, um sitiante de terras ancestrais herdadas trabalha sobre um valor-espaço que o seu tempo de esforço densifica-se através de uma história de parentes, cuja realidade não se dá apenas "naquele lugar", mas é e se faz "naquele lugar". É quase a história dele: um velho sítio, uma antiquíssima fazenda – através das pessoas e da sucessão das pessoas nele... Através dele." (BRANDÃO, 1999:124)

Os assentados não puderam ter suas histórias de vida, assim como a de seus antepassados, transcorridas num mesmo espaço de terra e, com isso, ainda que imbuídos desse valor cultural como componente de seu projeto de vida e identidade, foram impossibilitados de desenvolver o "afeto pela terra" até chegarem ao assentamento. Embora o passado possa representar perdas, a perspectiva futura é a de fixar-se na terra na condição de proprietário e de forma mais estável. Assim, para eles e para as gerações que os sucederão, o assentamento possibilita a reconstrução do "afeto pela terra".

A volta para a terra adquire, para os assentados, a dimensão do resgate dessa história de vida/trabalho no seu lugar. Concordando com Brandão, quando a antropologia investiga o tema do vínculo com a terra, ela não pode deixar de considerar os afetos e a sensibilidade intrínsecos a esse.

As entrevistas realizadas no Horto de Vergel dão pistas para entender o porquê da maior preocupação ambiental. Primeiramente, constata-se que as agruras da vida na cidade realçam qualidades da vida no campo que tinham sido deixadas para trás. Guardadas as diferenças de contexto e época, é isso que demonstra Keith Thomas (1996) no livro *O homem e o mundo natural,* ao apontar que a industrialização na Inglaterra foi acompanhada de uma mudança da sensibilidade em relação à vida natural, que passou a ser mais valorizada.

"A exposição prolongada àquilo que Drayton chamava 'os ares odiosos das cidades fumarentas e urbanizadas' acentuava o desejo de luz solar e de 'ar fresco' do campo. Todavia, no pensamento da época, a objeção à vida urbana referia-se menos ao ambiente físico da cidade do que ao comportamento moral de seus habitantes." (THOMAS, 1996:293)

O habitante das cidades, ao contrário do que se apregoava no início da industrialização e do crescimento urbano, como aquele mais educado, civilizado e superior se comparado ao homem do campo, passa a ser citado como moralmente inferior e detentor de menos virtudes.

Atualmente, a emergência das questões ambientais, do movimento ambientalista e das políticas públicas relativas ao meio ambiente propiciam, no ambiente urbano, uma visibilidade muito maior dessas questões. De forma que, contrariamente ao que se havia previsto, são os assentados com maior vivência urbana que parecem mais sensibilizados pela conservação da qualidade ambiental. Ainda que isso não se traduza totalmente em práticas agrícolas diferenciadas, há entre alguns dos assentados do Horto de Vergel, por exemplo, a perspectiva de desenvolverem formas alternativas de produção.

Um outro dado interessante, obtido a partir das entrevistas, é o de que esse assentamento ampliou de 20 para 30% a área de preservação ambiental exigida legalmente no momento do desmatamento. Neste caso, de derrubada dos eucaliptos para a formação dos lotes de plantio.

Tanto fatores socioeconômicos como fatores culturais e de representações simbólicas de espaço impulsionaram a luta dos sem-terra. São pessoas que foram expropriadas de uma forma ou de outra desde a infância. Muitos perderam a terra, outros foram aos poucos perdendo as condições mínimas de sobrevivência: emprego, moradia, trabalho e uma educação mais avançada.

Os assentamentos rurais surgiram em virtude de desigualdades econômicas e sociais originadas ainda no período do Brasil colonial em termos da má distribuição de terras e, em conseqüência, da exclusão e da exploração dos trabalhadores rurais não proprietários da própria terra.

Devido a esse processo de exclusão a que foram submetidos os sem-terra, originaram-se categorias de desfavorecidos como os "pingaiadas", que não possuem referência de um espaço reprodutivo fixo.

Aqueles que vão em busca de um pedaço de terra no processo de reforma agrária negam a condição de trabalhadores mal-remunerados e maltratados e lutam por um trabalho de maior autonomia e liberdade.

Com a ocupação das terras pelos assentados soluciona-se, além das suas carências mais imediatas como casa, comida e trabalho, um problema social para essa população "sobrante" de ex-parceiros, ex-meeiros, ex-bóia-frias, ex-pequenos produtores rurais que foram marginalizados pela modernização conservadora das décadas passadas.

Segundo Graziano (1999), essa ocupação não necessita ser estritamente agrícola. Trata-se de buscar nas ocupações relativas à prestação de serviços rurais uma nova possibilidade de geração de renda para os que moram no meio rural, o que já se mostra ser uma tendência.

A dicotomia entre campo e cidade vem se diluindo no que se refere aos aspectos geográficos e socioeconômicos. Entretanto, esta ainda existe no imaginário das pessoas, sendo visões socialmente construídas do que seja o campo e a cidade e que são detectadas nas falas dos assentados quando justificam a ida para o assentamento.

Na visão dos assentados o campo é a representação da qualidade de vida. É o ambiente sadio no sentido amplo do termo. É o ritmo de vida e a administração do tempo que na visão deles é a mais compreensível, pois é dada por eles próprios. Assim, a realização das tarefas tanto domésticas quanto relativas ao trabalho na roça tem

Considerações finais

como parâmetro a necessidade do assentado e não a de um patrão que visa apenas ao lucro.

É quando têm a possibilidade de possuir a própria terra, o seu lugar, em que o ritmo particular e de autonomia é possível. Ao mesmo tempo, é quando o laço afetivo com a terra pode ser recriado para esses homens que têm origem na terra, mas foram impossibilitados de nela permanecerem. No assentamento terão novamente o espaço onde poderão contar a sua história e a dos parentes que os sucederão.

A terra que um dia integrou a identidade dos assentados, quando perdida, comprometeu vários aspectos da vida desses homens. Além da identidade perderam também a segurança da própria casa, a qual hoje, no assentamento, pode ser resgatada.

Acredita-se que, tendo a possibilidade de ter a própria terra, o seu espaço, os assentados desenvolvam o afeto pelo que é seu, pelo que é particular e, a partir disso, possam ser despertados para a preocupação pela preservação ambiental.

Festa de comemoração de aniversário dos 2 anos de assentamento, Horto de Vergel; out./1999

Apresentação de grupo de dança da cidade de Mogi-Mirim no aniversário de 2 anos do assentamento; Horto de Vergel out./1999.

Núcleo de menores; horto de Vergel: out./ 1999.

Na hora do parabéns pelos 2 anos de assentamento, a fala de Ileide - fundadora do núcleo de menores "12 de Outubro" e membro da associação dos assentados; Horto de Vergel; out./ 1999

Bibliografia

ARRUDA, Rinaldo S. Vieira. *Rikbaktsa tradição e mudança* (Tese de Doutorado). São Paulo: PUC, 1992.

_____ Índios e Antropologia: reflexões sobre cultura, etnicidade e situação de contato. In: *Boletim do Museu Paraense Emílio Goeldi* (série Antropologia), julho/1999, vol. 15 nº. 1.

_____ Populações Tradicionais e a proteção de recursos naturais em unidades de conservação. In: *Ambiente e Sociedade,* ano II nº 5, 2º. semestre de 1999.

BAUM, Gregory. A modernidade: perspectiva sociológica. In: Revista *Concelium* (A modernidade em discussão), 1992, nº 244.

BOURDIEU, Pierre. *Pierre Bourdieu – Sociologia*. São Paulo: Ática, 1983.

BRANDÃO, Carlos Rodrigues. O Afeto da Terra. Campinas: Editora da Unicamp, 1999.

BRUMER, Anita e TAVARES DOS SANTOS, José Vicente. Tensões Agrícolas e Agrárias na Transição Democrática Brasileira. In: *São Paulo em Perspectiva – Brasil Agrário.* (Revista da Fundação Seade), abr.-jun./1997, vol. 11 nº 2.

CARDOSO, Ruth (org.). Aventuras de antropólogos em campo ou como escapar das armadilhas do método. *In: A Aventura antropológica – teoria e pesquisa.* Rio de Janeiro: Paz e Terra, 1986.

CENSO de Assentamentos Rurais do Estado de São Paulo. Coordenadora.: Vera L. B. Ferrante e Sônia M. P. P. Bergamasco. Pesquisa milticampi/Unesp: *Análise e Avaliação dos Projetos de Reforma Agrária e Assentamentos do Estado de São Paulo.* Araraquara, jan./1995.

D'ÁQUINO, Terezinha et alii. Nas terras de Promissão: da luta à construção do 'lugar'. In: *Retratos de assentamentos.* (Cadernos de pesquisa). Araraquara: FCL/UNESP ano I, nº 1, 1994.

DIEGUES, Antonio C. *O mito moderno da Natureza intocada.* São Paulo: Hucitec, 1998.

FERREIRA, J.C.G.M. *Uso e Conservação das Terras* (Série

Estórias da Fazenda Recanto) São Paulo: Poliedro, 1992.

GAIGER, Luiz Inácio G. Cultura, religião e política: um estudo da luta dos sem terra a partir do sistema cultural. In: *Cadernos CERU*. São Paulo: FFLCH/USP, Série 2, n° 7, 1996.

GRAZIANO DA SILVA, José. *O novo rural brasileiro*. (Coleção Pesquisas, 1). Campinas: Unicamp/IE, 1999.

GUIMARÃES, Alberto Passos. *Quatro séculos de latifúndio*. Rio de Janeiro: Paz e Terra, 1977.

HALBWACHS, Maurice. *A memória coletiva*. São Paulo: Vértice: Editora Revista dos Tribunais, 1990.

ITESP. Retrato da Terra 97/98: *Perfil Sócio-Econômico e Balanço da Produção Agropecuária dos Assentamento Rurais do Estado de São Paulo* (Série Cadernos ITESP/Secretaria da Justiça e da Defesa da Cidadania), dez/1998 n° 9.

LE GOFF, Jacques. *Enciclopédia Einaudi – Memória e História* (vol. I). Imprensa Nacional, Casa da Moeda, 1997.

LINHARES, Maria Yedda e TEIXEIRA DA SILVA, Francisco Carlos. *Terra Prometida*. Uma História da Questão Agrária no Brasil. Rio de Janeiro: Campus, 1999.

MEIHY, José Carlos Sebe Bom. *Manual de História Oral*. São Paulo: Loyola, 1998.

MICHELAT, GUY. Sobre a Utilização da Entrevista Não-Diretiva em Sociologia. In: *Crítica Metodológica, Investigação Social & Enquete Operária*. THIOLLENT, Michel (Org.) J. M. São Paulo: Editora Polis, 1987.

NORDER, L.A.C. *Assentamentos Rurais: Casa, Comida e Trabalho* (Dissertação de Mestrado). Campinas: UNICAMP, 1997.

POLLAK, Michael. Memória, Esquecimento, Silêncio. In: *Estudos Históricos*. Rio de Janeiro: Revista dos Tribunais, vol. 2 n° 3, 1989.

PRESO na rede. *Folha de S. Paulo*. São Paulo, 16 fev. 2000.

QUEIROZ, Maria Izaura P. de. O Pesquisador, o problema da pesquisa, a escolha de técnicas: algumas reflexões. In: *Reflexões sobre a pesquisa sociológica*. Textos CERU, São Paulo: FFLCH/USP, 3. 2ª série, 1992.

RAPCHAN, Eliane. *De identidades e pessoas: um estudo*

de caso sobre os sem terra de Sumaré (Dissertação de Mestrado). Campinas: Unicamp, 1993.

RIBEIRO, Marcelo Machado De Luca de O. Tecnologia e subjetividade: a relação técnico/produtor no setor rural brasileiro. In: BAPTISTA, Dulce (org.). *Cidadania e Subjetividade: novos contornos e múltiplos sujeitos* São Paulo: Imaginário, 1997.

ROUANET, Paulo Sérgio. Ética e Antropologia. In: *Revista Estudos Avançados*. São Paulo: USP, vol. 4, n° 10, 1990.

SALGADO, Sebastião. *Terra*. São Paulo: Companhia das Letras, 1997.

SANTOS, Boaventura de S. Um discurso sobre as ciências sociais na transição para uma ciência pós-moderna. In: *Revista de Estudos Avançados*. São Paulo: USP, vol. 2, n°2, maio-ago./1988.

_____. *Introdução a uma ciência pós-moderna*. Rio de Janeiro: Graal, 1989.

_____. *Pela mão de Alice – o social e o político na pós-modernidade*. São Paulo: Cortez, 1996.

SANTOS, José Vicente Tavares dos. Camponeses e trajetórias migratórias: do Sul para a Amazônia Ocidental. In: *Anuário Antropológico/91*. Rio de Janeiro: Tempo Brasileiro, 1993.

SILVA, Gislene. *O imaginário rural do leitor urbano – o sonho mítico da casa no campo* (Tese de Doutorado). São Paulo: PUC, 2000.

SILVA, Ligia O. As leis agrárias e o latifúndio improdutivo. In: *São Paulo em Perspectiva – Brasil Agrário* (*Revista da Fundação Seade*), abr-jun/1997, vol. 11 n° 2.

SILVA, Maria Ap. Moraes. TRABALHADORES E TRABALHADORAS RURAIS – a condição humana negada. São Paulo em Perspectiva – O agrário paulista (*Revista da Fundação Seade*), jul.-set/1993, vol. 7 n° 3.

SIMMEL, Georg. A Metrópole e a Vida Mental. In: *O fenômeno urbano* I. VELHO, Otávio Guilherme (org.). Rio de Janeiro: Zahar, 1967.

SOMBART, Werner. *El burgués. Contribución a la historia espiritual del hombre económico moderno*. Madrid: Alianza Editorial, 1977.

SZMRECSÁNYI, Tamás. *Pequena história da agricultura no Brasil.* São Paulo: Contexto, 1990.

TEIXEIRA, Carlos Corrêa. *Seringueiros e colonos: encontro de culturas e utopia de liberdade em Rondônia* (Tese de Doutorado), Campinas: Unicamp, 1996.

THIOLLENT, Michel. Introdução: A procura de alternativas metodológicas. In: *Crítica metodológica, investigação social e enquete operária.* THIOLLENT, Michel (Org.) São Paulo: Pólis, 1987.

THOMAS, keith. *O homem e o mundo natural.* São Paulo: Companhia das Letras, 1996.

THOMPSON, E. P. Costumes em Comum-Estudos sobre a cultura popular tradicional. São Paulo: Companhia das Letras, 1998.

TIEZZI, Enzo. *Tempos históricos, tempos biológicos: a Terra ou a morte: problemas da "nova ecologia".* São Paulo: Nobel, 1988.

TUAN, Yi-fu. Topofilia. *Um Estudo da percepção, atitudes e valores do meio ambiente.* São Paulo: Difel, 1980.

Festa de aniversário dos 2 anos de assentamento,
no centro Praxedes – presidente da associação; out./1999.

Este livro foi composto nas fontes Times New Roman e Frutiger pela
Art Style Comunicação e Design com finalização digital CTP e
impresso em off-set pela gráfica Assahi sobre papel offset $90g/m^2$
para a Musa Editora em outubro de 2006.